SHOUBASHOU JIAONINXUE
QICHE BANJIN
XIUFU

手把手教您学修车丛书

主编 李昌凤

参编 李富强 李素红 朱其福

手把手教您学

全彩印刷

汽车钣金修复

第2版

机械工业出版社
CHINA MACHINE PRESS

U0331568

本书是修订版，新增无痕修复等内容。全书系统地讲述了汽车钣金修复知识、汽车车身结构及拆装、汽车装饰件更换与调整、汽车钣金修复工艺与步骤、汽车钣金件的切割与焊接、钣金件修复技巧、车身覆盖件的修复、车身结构件校正与修复、车身塑料件的修复、汽车表面的涂装等，可帮助读者全面掌握汽车车身修复知识和操作技能。

　　本书以"图、文"相结合的形式编排内容，简单实用，易学易懂，理论与实际相结合，让读者更快、更好地掌握汽车钣金修复技术。本书是广大一线钣金维修技工的重要参考资料，也可供汽修专业的师生阅读使用。

图书在版编目（CIP）数据

手把手教您学汽车钣金修复 / 李昌凤主编 . —2 版 . —北京：机械工业出版社，2020.5（2025.4 重印）
　　（手把手教您学修车丛书）
ISBN 978-7-111-64884-0

Ⅰ.①手… Ⅱ.①李… Ⅲ.①汽车－钣金工－修复 Ⅳ.①U472.4

中国版本图书馆 CIP 数据核字（2020）第 032990 号

机械工业出版社（北京市百万庄大街 22 号　邮政编码 100037）
策划编辑：连景岩　杜凡如　责任编辑：杜凡如　刘　煊
责任校对：肖　琳　佟瑞鑫　责任印制：郜　敏
中煤（北京）印务有限公司印刷
2025 年 4 月第 2 版第 2 次印刷
184mm×260mm · 11.25 印张 · 277 千字
标准书号：ISBN 978-7-111-64884-0
定价：59.00 元

电话服务　　　　　　　　　网络服务
客服电话：010-88361066　机 工 官 网：www.cmpbook.com
　　　　　010-88379833　机 工 官 博：weibo.com/cmp1952
　　　　　010-68326294　金 书 网：www.golden-book.com
封底无防伪标均为盗版　　机工教育服务网：www.cmpedu.com

前言

　　随着汽车技术的发展，车身所用的材料及其结构也发生了变化，对汽修钣金技师提出了更高的要求。汽修钣金技师不但要了解车身的技术结构，更要懂得车身变形的分析和修复工艺。同时，还要能借助先进的修复工具，并配合正确的操作工艺，使整个车身壳体恢复到损伤前的状态，以保证修复过的汽车达到原厂的技术要求。为了使钣金人员更好地了解汽车，掌握汽车修复技能，我们于2015年编写了《手把手教您学汽车钣金修复》，以满足广大从事汽车修复技术人员的学习需要，出版以来，由于内容实用，形式活泼，深受读者喜爱，多次重印。

　　本书为修订版，应对行业技术的变化，增加了无痕修复等内容，同时在内容设置上也充分考虑行业技能大赛考核项目的技能要求。全书系统地讲述了汽车钣金修复知识、汽车车身结构及拆装、汽车装饰件更换与调整、汽车钣金修复工艺与步骤、汽车钣金件的切割与焊接、钣金件修复技巧、车身覆盖件的修复、车身结构件校正与修复、车身塑料件的修复、汽车表面的涂装等各方面内容，可帮助读者全面掌握汽车车身修复技能知识和操作方法。

　　本书以"图、文"相结合的形式进行内容编排，简单实用，易学易懂。从汽车钣金修复工作的新理念出发，使理论与实际相结合，让读者更快、更好地掌握汽车钣金修复技术。本书是广大一线钣金维修技工的重要参考资料，也可供汽修专业的师生阅读使用。

　　本书由李昌凤主编，参加编写的人员还有李富强、李素红、朱其福。在本书编写过程中，得到了许多汽车维修企业的大力支持和协助，并参阅了大量的相关资料，在此表示诚挚的感谢！

　　由于编者水平有限，书中难免有不足之处，恳请广大读者批评指正，以便再版时补充完善。

编　者

目 录
CONTENTS

前言

第一章
汽车钣金修复知识

第一节 钣金修复常用工具

一 车身整形通用工具

（1）钣金锤

钣金锤一般用于汽车制造和车身修复，若车身被划伤或撞毁，就要用钣金锤一点一点敲击，使其恢复原形。钣金锤主要分为球头锤、铁锤、橡胶锤、尖嘴锤、整平锤、收缩锤和木锤等。钣金修复时，应根据被修整部位的变形情况及钣金件的材质特点，选用合适的钣金锤。

1）球头锤（图1-1）。球头锤是钣金修复的多用途工具，主要用于校正车身弯曲结构，一般用于初成形车身部件。

2）铁锤（图1-2）。铁锤是修复损坏的钣金件所必需的工具，主要用来敲打损坏的金属钣金件使其大致回到原形。

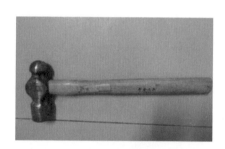

图1-1 球头锤

图1-2 铁锤

3）橡胶锤（图1-3）。橡胶锤用于柔和地敲击薄钣金件，保证不会损坏油漆表面。

4）尖嘴锤（图1-4）。尖嘴锤用于维修小的凹陷，其尖端用于将凹陷从内部锤出，对中心部位轻柔敲击即可，其平端与顶铁配合作业用于去除高点和波纹。

图1-3 橡胶锤

图1-4 尖嘴锤

5）整平锤（图1-5）。整平锤的锤头有圆有方，锤面平整略有弧度，用于整平车身外板。

6）收缩锤（图1-6）。收缩锤锤面呈锯齿状，敲到钣金件上会留下细小的点痕，可有效控制整平过程中产生的金属延展。

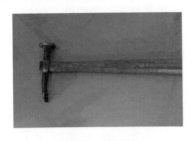

图 1-5　整平锤

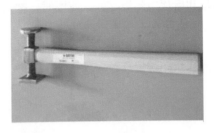

图 1-6　收缩锤

7）木锤（图 1-7）。轻质木质锤头，在钣金件整平时可有效抑制车身金属延展的作用。

（2）顶铁

顶铁由高强度钢制成，像铁砧一样，用于粗加工和锤击加工，可以用手握持，顶在被敲击钣金件的背面。当从钣金件正面用锤敲击时，顶铁会产生一个反弹力。每次敲击后，应重新定位。这样，通过锤和顶铁的配合使凸起的部位下降，使低凹的部位回位。

图 1-7　木锤

常见的顶铁有高隆起、中隆起、低隆起、平凸起等类型，使用时应根据钣金件的结构和形状来选择。

1）通用顶铁（图 1-8）。通用顶铁有多种隆起，可以用来粗加工挡泥板的隆起部分和车身的不同曲面；校正挡泥板凸缘、装饰条和轮缘；收缩平的钣金件表面和隆起的钣金件表面；修正焊接区等。

2）中隆起顶铁（图 1-9）。中隆起顶铁的质量大，很容易控制在平面金属钣金件上，所以常用来使金属钣金件减薄和使薄的金属钣金件收缩，可以用来对车门内侧、发动机盖、挡泥板的平面和隆起面以及柱杆顶部进行钣金修复。

图 1-8　通用顶铁

3）足跟形顶铁（图 1-10）。足跟形顶铁用来修复钣金件上较大的凸起，校正高隆起或低隆起的金属板、长形结构件和平面钣金件。

4）足尖形顶铁（图 1-11）。足尖形顶铁用来收缩车门板、车门立柱的顶部和汽车各种盖板，也可以用来在挡泥板的底部形成卷边和凸缘。该顶铁特别适合于粗加工金属钣金件，因为它的一个面非常平而另外一面微微隆起。但是，使用该顶铁时，不应过度锤击。

图 1-9　中隆起顶铁

（3）撬镐

撬镐用于进入有限的空间，通过撬镐的头部将合适大小的凸出点撬起，主要分为小弧度撬镐、大弧度撬镐等。

使用时根据不同的长度和形状来选择。撬镐常用于消除车门、侧围板和其他封闭断面上的小凹痕。

图 1-10　足跟形顶铁

1）小弧度撬镐（图1-12）。小弧度撬镐端部为一个小弧度的镐头，U形端为把手，用在车门、车门槛板和后顶盖侧板等处。使用时，把撬镐通过板件上的孔穿入结构内部，使镐头对准板件上小的凹点，在手把上用力撬即可。

2）大弧度撬镐（图1-13）。大弧度撬镐与小弧度撬镐形状相似，但镐头长，用在需要较长镐头才能到达凹痕损伤位置的情况。

图 1-11　足尖形顶铁

图 1-12　小弧度撬镐

图 1-13　大弧度撬镐

（4）锉刀

锉刀是用来修整锤子、顶铁、修平刀等钣金工具作业留下来的凹凸不平痕迹的专用工具，适用于对加工后较粗糙的表面进行光洁处理。锉刀分为柔性车身锉、固定式锉刀、弧形锉等。

1）柔性车身锉（图1-14）。柔性车身锉可使钣金件上任何需加工的凹凸点进行修复，但不要让锉片过度弯曲，防止折断锉片。

2）固定式锉刀（图1-15）。固定式锉刀是钣金件修复的主要工具，用来修复拱起的钣金件。

3）弧形锉（图1-16）。弧形锉用来修整尖的隆起面、折边和装饰条的平直程度。

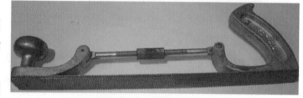

图 1-14　柔性车身锉

图 1-15　固定式锉刀

图 1-16　弧形锉

（5）钣金钳

钣金钳主要用于夹持钣金件进行焊接、磨削等加工，其特点是钳口可以锁紧并产生很大的夹紧力，使被夹紧钣金件不会松脱，而且钳口有很多档调节位置，可处理不同厚度的金属件。钣金钳可分为尖嘴带刃钣金钳、焊接用钣金钳、C形钣金钳、铁片钣金钳等，使用时根据需要进行选择。

1）尖嘴带刃钣金钳（图1-17）。

2）焊接用钣金钳（图1-18）。

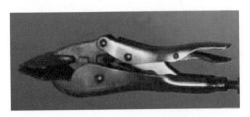

图 1-17 尖嘴带刃钣金钳

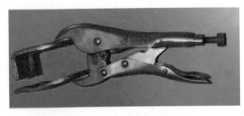

图 1-18 焊接用钣金钳

3）C 形钣金钳（图 1-19）。

4）铁片钣金钳（图 1-20）。

图 1-19 C 形钣金钳

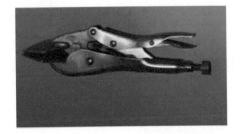

图 1-20 铁片钣金钳

二 车身外形修复机

车身外形修复机又叫整形机，它是汽车车身蒙皮件专修设备，它可以对焊接垫圈、焊钉、螺柱和星形焊片等进行拉伸操作，还可以使用铜触头和炭棒进行收缩操作。

1）车身外形修复机外形（图 1-21）。

2）车身外形修复机控制面板（图 1-22）。

3）车身外形修复机工具（图 1-23）。

图 1-21 车身外形修复机外形

图 1-22 车身外形修复机控制面板

图 1-23　车身外形修复机工具

4）车身外形修复机操作方法

① 首先将需要修复的凹陷部位，用打磨机将油漆和锈蚀打磨干净。

② 把搭铁线连接到离损伤部件较近的地方。

③ 状态选择开关选择"自动"，时间调节器调到 0.2~0.4s。电流调节器调 B 档或 C 档，时间及电流调节视板厚而定。

④ 打开电源，在配备的介质夹头上夹好垫圈压紧在金属板上，按住手柄开关，待时间达到后，即可焊好一个垫圈。

⑤ 用拉力锤钩住垫圈往外敲打，直至把凹陷的部位修复。当损伤为沟槽形时可使用波纹线及波纹线焊接枪头焊接，再用爪式拉具向外拉拔。也可以将垫圈焊成一条直线，在孔中穿上铁棒，用牵引工具向外拉拔进行修复。

⑥ 完成后需要拆除使用过的垫圈时，用介质夹头夹住垫圈，左右拧动就可以轻松拆下来。

⑦ 拉伸修复操作完成后，在盘式打磨机上装上打磨砂纸，轻轻将凹凸面磨平。

⑧ 最后，对金属板上无涂层的部分进行防腐处理，注意金属板上焊点的反面和搭铁处都要进行处理。

三　二氧化碳气体保护焊机

在汽车车身修复过程中，二氧化碳（CO_2）气体保护焊机是最常见的一种，它使用焊丝进行焊接，焊丝和电极以一定的速度自动进给，在母材和焊丝之间出现短弧，短弧的热量使焊丝熔化，将母材连接起来，如图 1-24 所示。二氧化碳保护焊机安装方法如下。

（1）连接电源

检查电源的电压与频率是否与设备铭牌上的参数一致，按照说明书的规定，将电源与插座相连。

（2）安装气瓶

检查确认气瓶内气体是否适用于被焊钣金件材质，然后将气瓶置于焊机后部专用托板上并固定好，也可将气瓶安放在柱子、墙壁等位置旁边。连接气管并进行紧固，打开气阀查看是否有漏气现象。

图 1-24　CO_2 气体保护焊机

（3）安装焊枪

将焊枪接头插入焊机正面接口上，并将针形连接器一起接好。将搭铁安放在待焊接部位较近的清洁表面上，形成一个从焊机到钣金件，再回到焊机的焊接回路。

（4）选择并安装焊丝

首先，要根据焊接材料来选择相应的焊丝（通常焊丝盘上刻有"U"形符号的为铝焊丝，刻有"V"形符号的为普通焊丝）。然后将焊丝安装到送丝盘即可。

学习提示：

1）焊接过程中，必须穿戴好长袖防火工作服、围裙、绝缘鞋、护腿、护脚、焊接手套等，并将领口系严，兜盖盖好，翻卷的裤脚要放下，以避免飞溅烧伤。

2）焊接应在通风良好、干燥的场地进行，因为二氧化碳保护焊机焊接时会产生有毒气体、烟雾，当受到紫外线的照射时可以转化为高毒性的气体。

3）焊接热量和飞溅物容易引起火灾，焊接现场应清除所有的可燃性材料，不要焊接曾装过易燃物或汽油的燃油箱，焊接场地应放置符合要求的防火设备。

4）禁止用手直接触及潮湿的钣金件表面，应保持身体及衣物干燥，不要在无防电击保护器材的潮湿环境中焊接，在焊接过程中不要触及带电体或任何可导电的金属物体，避免焊接过程自动关闭。

5）焊接前，应断开汽车蓄电池负极，焊接时会产生高磁场，汽车电气元件如离焊接部位较近，应将其拆卸或断开连接线路。

6）使用隔热材料遮蔽车身漆面、座椅、仪表等，以免损伤或引起火灾。

7）搭铁应夹持在钣金件上距离待焊部位较近的位置，以避免焊接电流减弱。试焊应在相同厚度、材质的钣金件上进行，严禁在搭铁夹钳上试焊。

8）焊接结束后，应及时关闭电源、二氧化碳气瓶。

四 铝焊机

铝焊机采用低电压、大电流的工作方式，使电能通过电弧方式瞬间转换为热能，采用高纯度氩气作为焊接时的保护气体，避免焊接时产生气孔、杂质，同时交流氩弧焊和二氧化碳气体保焊均具有一定的阴极清理功能，可以直接去除铝及铝合金上的氧化膜。铝焊机如图 1-25 所示。

由于铝焊机体积小，操作简单，使用方便，焊接效率高，焊缝成形好，熔深大，能焊透铝及铝合金钣金件，达到优质的焊接效果，且焊接强度同母材质强度同等，密封性好，从而在现代汽车钣金技术中应用广泛。

铝焊机在焊接过程中会产生弧光，弧光光谱从红外线直至紫外线，同时也会产生金属蒸气和烟尘等有害物质，钨极氩弧焊中的钨棒含有放射性元素，所以必须做好防护。另外，由于采用氩气作为保护气体，不宜在有风的焊接场所操作。

图 1-25　铝焊机

五 点焊机

汽车制造企业对车身的焊接主要使用点焊，在现代钣金技术中点焊机使用广泛。点焊机采用的是双面、双点过电流焊接的原理，工作时两个电极加压钣金件，使两层金属在电极的压力下形成一定的接触电阻，而焊接电流从一个电极流经另一个电极时在两接触电阻点形成瞬间的热熔接，且焊接电流瞬间从另一个电极沿两钣金件流至此电极形成回路，不会伤及被焊工件的内部结构。点焊机如图 1-26 所示。

开始焊接时，钣金技术人员拿起焊枪并使焊接机电极臂与车身上需要焊接的部位相接触。然后操纵挤压机构，将焊接压力施加到需要焊接的金属的两边。一旦给金属钣金件施加并保持了一个压力，施力机构便向焊接机控制器发送一个电信号，焊接电流被接通一段预定的时间后又被切断。由于焊接

图 1-26　点焊机

时间通常不超过 1s，整个焊接过程进行得很快。

学习提示：

1）使用前应清除上、下两电极的油污。通电前，检查点焊机机体外壳有无漏电。

2）启动前，应先接通控制线路的转向开关和焊接电流的小开关，调整好极数，最后接通电源。

3）点焊机通电后，应检查电气设备、操作机构及点焊机机体外壳有无漏电现象。电极触头应保持光洁。有漏电时，应立即更换点焊机。

4）严禁在引燃电路中换装大熔断器。当负载过小使引燃管内电弧不能发生时，不得闭合控制箱的引燃电路。

5）当控制箱长期停用时，每月应通电加热30min，更换晶闸管时应加热30min。正常工作的控制箱的预热时间应在5min以上。

6）焊接操作及配合操作的人员必须按规定穿戴劳动防护用品。同时必须采取防止触电、高空坠落、CO中毒和火灾等事故的安全措施。

7）当清除焊缝焊渣时，应戴防护眼镜，头部应避开敲击时焊渣飞溅方向。

六　车身大梁校正设备

车身大梁校正设备是事故车修理作业的主要设备，利用车身大梁校正设备对车辆的变形损伤进行修复，具有精度高、修复速度快等特点。

（1）台架式大梁校正仪

如图 1-27 所示，台架式大梁校正仪可以同时进行任意方向的校正作业，能有效地使变形及其关联损伤一并得到校正，并且可以方便地固定车身。台架式大梁校正仪的主要操作规程如下：

1）操作注意事项：

① 进入工作区要穿戴好工作服、手套，不准穿拖鞋。

② 操作设备前应清理场地，平台及周边不能堆放杂物，整理油、气管路，防止操作时挤压管路。

图 1-27　台架式大梁校正仪

③ 检查油、气管路各接头是否连接好，管路是否有破损，如有破损要及时更换，严禁再用。

④ 检查塔柱滚动滑轮固定螺栓是否松动，如松动必须及时拧紧，以免塔柱滑落造成人员、物品损伤。

2）上下车辆操作方法：

① 平台升降时设备附近严禁站人，车辆上下时必须有人在旁边指导，车辆应停靠在平台指定位置。

② 平台升降时应操作平稳，平台轮腿液压缸无节流阀时，严禁全开液压泵泄压阀。

③ 起降平台时，塔柱固定在平台另一端，防止滑动；当需要二次举升平台时，塔柱放置在靠近活动腿一侧。

④ 车辆在平台上要拉紧驻车制动，轮胎前后用三角木垫好。

⑤ 平台活动支腿锁止销在平台升起后必须锁死。

3）车辆固定操作方法：

① 夹具夹紧前检查钳口，应无油污、杂物。

② 检查夹具各部位是否有变形、裂纹，如有必须更换，以防受损件受力后断裂飞出伤人。

③ 夹具固定螺栓、钳口紧固螺栓要完全拧紧。

4）测量操作方法：

① 量具应轻拿轻放，切勿碰撞，以防量具变形、损坏。

② 测量读数时，眼睛与读数部位平行，减少读数误差。

③ 测量完毕，量具应马上放回工具车原处。

④ 量具螺钉松动后，重新拧紧时不要用力过大。

5）拉伸操作方法：

① 拉伸操作前，检查链条、钣金工具、拉环是否完整，没有破损、裂口、大划伤方可使用。

② 拉伸时塔柱紧固螺栓要拧紧，导向环高度不能超过警戒红线。

③ 检查链条、锁紧机构，链条不能扭曲，所有链节在一条直线上；导向环手轮拧开。

④ 拉伸时，拉伸力不要超过链条额定载荷。

⑤ 拉伸时，不要敲击钣金工具及链条。

⑥ 拉伸时，相关人员不要与链条受力方向在同一条直线上。

⑦ 当拉伸力比较大时，应在拉力方向相反一侧用链条将车辆固定在平台上。

6）结束操作。设备使用完毕后，清理场地。钣金工具、量具、夹具等物品，擦拭干净后，要整齐、有序地放在工具车上。

（2）移动式大梁校正仪

如图1-28所示，移动式大梁校正仪是一套能对乘用车或轻型汽车的车架、车身的损坏变形部位，进行边拉拔、边测量、边敲击，使其恢复原有技术尺寸的设备。移动式大梁校正仪主要操作步骤如下：

1）根据所修车辆的车架的结构尺寸，准备好相应的夹具和测量接头，并确定安装基准位置。

2）将车辆冲洗干净后，置于整形平台基架上，用整形平台的夹固钳夹住车身的底梁边缘，紧固螺栓，使之固定在整形平台上。此时应尽可能使车辆的中心线与整形平台中心线保持一致。

图 1-28 移动式大梁校正仪

3）目测判断车身（车架）变形的部位及大小，在其未变形的部位，至少选择三个相距较远的点来确定车辆的中心线位置。

4）将测量桥置于整形平台基架上，使其中心线与车身（车架）中心线对齐。

5）根据车架的宽度，选择相应量程的测量滑座置于测量桥上，并锁止在变形部位所对应的位置上，再将套管插入滑座的插孔之中，接上相应的测量接头。

6）将测量接头与变形部位相接，读出此时测量桥滑座、套管上所示的读数，将其与所修车辆所标注的数值相比，即可确定出测量点在长、宽、高三个方向上的变形大小。

7）将拉力校正器固定在基架的边框上，用链条将需校正的部位与悬臂梁相连，起动液压缸，通过柱塞推动悬臂梁拉动链条，就可将凹陷变形部位拉伸到恢复原有尺寸。

学习提示：

1）移动式大梁校正仪的整形平台必须安放在坚硬平整的地面上。在工作过程中，工作台的滚轮必须处于锁紧位置。

2）在工作过程中，拉力校正器的液压缸柱塞与悬臂梁、校正部位与悬臂梁之间必须连接有保险绳。保险绳必须完好无损。链条拉力方向与液压轴轴线方向应保持一致。

3）工作过程中，拉力校正器与整形平台基架边框、车架底梁边缘与整形平台的车身夹固钳必须牢固锁紧。

（3）液压拉力装置

如图 1-29 所示，液压拉力装置可以对固定好的车身进行拉伸、推压、扩张等校正工作。它利用手摇液压泵提供压力能，驱动各种用途的液压缸，实现推、拉、顶、扩等动作。在校正杆两端装上适当的端头，可以满足车身内部两点间尺寸校正的需要。

图 1-29　液压拉力装置

七　凹陷拉拔工具

凹陷拉拔工具是事故车修理作业的常用设备，利用凹陷拉拔工具对车辆的凹陷损伤进行修

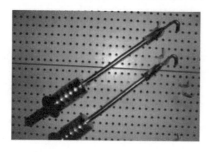

复，具有操作简单、修复速度快等特点。

（1）凹陷拉拔器

如图1-30所示，凹陷拉拔器，即传统的惯性锤，通常有一个螺纹尖头和一个钩尖，一般情况下要求在皱折处钻出或冲出一个或多个孔。拉拔时，将螺纹尖头拧入所钻的孔，用滑锤轻轻敲打手柄，慢慢地把凹陷拉平。

（2）手动拉拔工具

如图1-31所示，手动拉拔工具同凹陷拉拔器一样，把它插进钻出的孔里，用一根手动拉拔工具即可把较小的凹陷或皱褶拉平。而要拉平较大的凹陷，就要同时用三个或四个手动拉拔工具。手动拉拔工具可与钣金锤一起使用，同时敲击和拉拔使车身钣金件恢复到原来的形状。

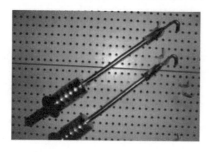

图1-30　凹陷拉拔器

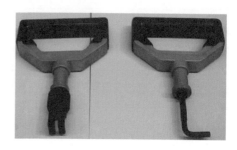

图1-31　手动拉拔工具

（3）气动拉拔工具

如图1-32所示，气动拉拔工具主要用于大凹陷的修复，用吸盘吸在凹坑的中心并拉起，即可恢复到原来的形状而不损伤漆面，也不需要再进行表面修整。

（4）真空吸盘

如图1-33所示，真空吸盘是一种简单快速修复浅凹坑的工具，操作时只需将吸盘吸在凹坑的中心并拉起，凹坑处就可恢复到原来的形状而不损伤漆面，也不需要再修整表面。

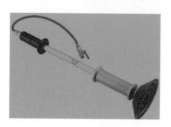

图1-32　气动拉拔工具

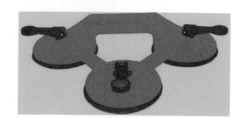

图1-33　真空吸盘

（5）强力拉拔工具

如图1-34所示，强力拉拔工具主要是针对较强硬钣金件设计的，采用简单的顶拉原理，配有多种支脚，可根据不同位置进行组合，方便拉拔；可以任意调节拉拔幅度；具有锁止功能，方便同时进行其他动作；拉拔力量够强，基本可满足车身外钣金件的快速拉拔维修需要。

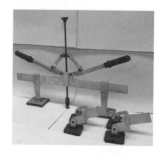

图1-34　强力拉拔工具

八 气动工具

气动工具是指用压缩气体作为动力的工具，又称风动工具。气动工具操作简单，它通过操作供气阀手柄以及调整调节阀即可工作，具有适合长时间工作不会发热的优点。

（1）气动锯

如图1-35所示，气动锯在汽车车身钣金修复过程中的主要作用是下料、切断、修整、剪切外形等。气动锯通常可以剪切玻璃钢、塑料、薄铁板、薄钢板、铝板及其他金属材料钣金件。

（2）气动点焊钻

如图1-36所示，气动点焊钻用来钻出点焊孔，也可用来清除钣金件的焊点。

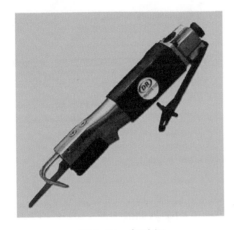

图 1-35 气动锯

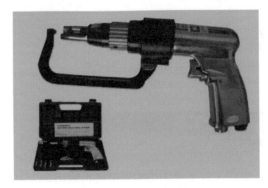

图 1-36 气动点焊钻

（3）气动扳手

如图1-37所示，气动扳手主要通过压缩空气提供持续的动力源，从而可以获得比较大的力矩输出。

（4）气动角磨机

如图1-38所示，气动角磨机外形结构有很多种，适用于除锈和去油漆等钣金修复作业。

图 1-37 气动扳手

图 1-38 气动角磨机

（5）气动錾

如图 1-39 所示，气动錾也叫气动凿，适用于拆卸钣金件，也可以用来在更换钣金附件时进行切割和其他工作。

（6）气动打孔机

如图 1-40 所示，气动打孔机主要用于车身钣金件更换，便于用气体保护焊、塞焊等方法连接钣金件时，在新钣金件上进行打孔等作业。

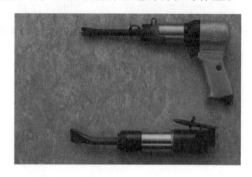

图 1-39　气动錾

图 1-40　气动打孔机

九　电动工具

电动工具是指用小功率电动机输出动力，通过传动机构来驱动的工具。电动工具操作简单、携带使用方便、生产效率高、能耗低等特点，但长时间使用会出现发热的缺点。

（1）电动角磨机

汽车钣金修复过程中通常选用电动角磨机作为修整车身局部凸起的工具，主要用来磨削不易在固定砂轮机上磨削的零件（如图1-41 所示），例如发动机盖、驾驶室、翼子板及车身蒙皮等经过焊修的焊缝，可用电动角磨机磨削平整。

（2）手电钻

如图 1-42 所示，手电钻是以电为动力的手持式钻孔工具，操作简单方便。电源电压一般为 220V 和 360V 两种，其钻头尺寸规格有 3.6~13mm 若干种。

（3）电动剪

如图 1-43 所示，电动剪属于振动式剪刀，由一个小型电动机带动刀杆快速运动，与刀头配合达到剪切的目的。

图 1-41　电动角磨机

图 1-42　手电钻

图 1-43　电动剪

第二节　钣金技师素质与安全知识

一　钣金技师素质

　　汽车钣金修复过程中除了对设备、车间等硬性条件的要求外，钣金技师素质更是对修复的过程起到了非常重要的作用，企业主要应从以下方面着手提高钣金技师的素质。

　　（1）接受专业的培训

　　随着新技术、新工艺和新材料在车身上的大量应用，钣金技师必须系统地针对车身结构、碰撞受损理论、新型车身材料、整形焊接及组装工艺等进行培训，如图 1-44 所示。

图 1-44　钣金专业知识的培训

　　（2）进行规范操作

　　有了正确修复理论指导，在进行车身修复时，不仅仅是将其外观形状修复到位，更重要的

是要恢复其原有状态，如图 1-45 所示。

> **学习提示**：在进行车身损伤点拉伸时，规范作业不但要求将其恢复到原有尺寸，还应保证该点的数值是在自由状态下测量的，也就是采取一定的方法或手段消除应力后，得到的最终标准数值。在实际工作中有很多钣金技师并没有规范作业，往往是在损伤部位拉伸状态下通过测量即对构件进行安装，这种方法是很不科学的，因为应力消除后可能就会出现无法再安装的情况。

图 1-45　规范操作

（3）树立大局观念（图 1-46）

进行事故车修复时应树立大局观念，当在进行车门、行李舱盖等构件调整时，钣金技师不仅要注意它们与周围构件是否协调、间隙是否均匀等，还要考虑其密封性能，所以在调整的过程中应树立大局观念，预见可能出现的故障。

图 1-46　车门调整

> **学习提示**：在车门调整过程中，可以将一张明信片夹在车门与门框密封条中间，通过感觉明信片在拉动时的松紧程度来判定密封性能。在调整构件过程中，有时为了与相邻构件达到完美匹配，通常会采用调整螺钉甚至是轻微锉孔的方法。使用该方法时只要控制在一定范围内，一般不会影响整车的性能，但在改孔前一定要根据其位置去预见可能产生的后果。

（4）具备丰富的维修经验（图 1-47）

在进行事故车修复时，维修经验是非常重要的，它是钣金技师在长期工作中，经过不断摸索、实践，积累和总结出的方法和技巧。具备丰富的维修经验不但可以缩短作业时间、降低劳动强度，还是优化修复工艺和提高维修质量的有力保证。

图 1-47 焊接工作技巧

学习提示：对于一些应力裂纹的焊接工作，最好的方法是在裂纹的起止点部位，钻一个小孔或焊接时先使用大的电流或火焰将端点部位击穿然后再焊接，如图1-47所示。这样焊接可以有效保证焊接后的质量。如不按此方法操作，裂纹可能会反复开裂，造成不必要的麻烦。另外，使用气焊完成作业收枪时，动作一定要慢，以便让熔池中的气体充分溢出，确保焊接质量。

二 钣金技师的安全与防护

钣金技师的安全与防护是确保钣金作业顺利进行的前提，钣金作业过程中的安全与防护知识主要包括以下 5 个方面。

（1）掌握设备操作信息

使用设备前要认真阅读设备操作说明书，掌握操作注意事项，如图 1-48 所示。

（2）手的防护

如图 1-49 所示，钣金操作时应根据需要佩戴防护手套，避免飞溅物伤及手。

图 1-48 阅读设备操作说明书

（3）耳朵防护

为了防止噪声对听力的伤害，钣金作业时应该戴防护耳罩，如图 1-50 所示。

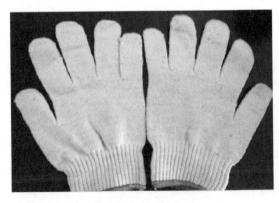

图 1-49 防护手套

图 1-50 防护耳罩

（4）喷漆防护

如图 1-51 所示，喷漆操作时必须穿戴好头罩、安全眼镜、防尘面具、工作服，做好安全防护。

（5）焊接防护

焊接时为了防止火花飞溅对眼睛的伤害，操作时必须穿戴焊接面罩、工作服、手套等，做好安全防护如图1-52所示。具体注意事项如下：

1）车间场地必须有良好的通风环境，围墙（围屏）应涂成蓝色或灰色，以防止紫外线反射。

2）作业前应检查气瓶是否稳固，气压及气流是否正常，检查高频电的屏蔽或降频措施是否有效，焊枪应绝缘良好，确保不漏电。

3）焊接时应按焊接规范选择合理的焊接电流、焊丝（焊棒）、焊速、进给量、气流量等。

4）焊枪除有良好的绝缘外，其气路要确保畅通，严禁将热的焊枪浸入水中。

5）焊接设备的电缆长度以不超过3m为宜，如作业时需要加长，接头数不得超过2个。

图1-51　喷漆防护

图1-52　焊接防护

三　工具设备的安全操作

工具设备的安全操作是钣金技师必须掌握的内容之一，钣金工具设备的安全操作知识主要包括以下方面。

（1）手动工具安全操作（图1-53）

1）使用工具之前，必须熟知工具的性能、特点、使用、保管、维修及保养方法。

2）工作前，必须对工具进行检查，严禁使用腐蚀、变形、松动、有故障、破损等不合格工具。

3）带有牙口、刃口尖锐的工具及转动部分应有防护装置。

图1-53　手动工具类型

4）使用特殊工具时，应有相应安全措施。

5）小型工具应放在工具袋中妥善保管。

（2）气动工具安全操作（图1-54）

1）使用气动工具、气源应装气水分离器，以免混浊空气进入，损坏工具。

2）供气的软管应进行吹洗，不得对人吹气，与管口连接应牢固。

3）气管不得折成锐角，遭受挤压或受到损坏时，应立即停止使用。

4）气动工具使用过程中，沿气管方向不得站人，以防压缩空气管口脱落伤人。

5）更换气动工具附件，必须待气体全部排出，压力下降后，方可进行。

6）使用冲击性气动工具（风锤、风镐、风铲、风枪等）时，必须把工具置于工作状态后，方可通气。

7）不准用压缩空气清洁衣物。

（3）电动工具安全操作（图1-55）

1）使用电动工具之前，必须熟知电动工具的性能、特点、使用、保管、维修及保养方法。

2）使用电动工具时，应有必要的、合格的绝缘用品，在潮湿地带或金属容器内使用电动工具时，必须有相应的绝缘措施，并由专人监护。

3）电动工具的插头应设在监护人便于观察和操作的地方。

图1-54　气动工具安全操作示意

图1-55　电动工具安全操作示意

第三节　汽车钣金修复事故的预防

一　事故预防方法

汽车钣金修复过程中发生的事故主要是由于操作不当造成的，因此必须小心，防止事故的发生。事故类型包括火灾、爆炸、漏电、化学性烧伤等。

（1）预防火灾

1）灭火器要经常维护，每年由具有专业维修资质的单位进行检查、维修和换药剂。同时要

定期进行检查，并在灭火器上标识，注明检查时间、检查人等，如图1-56所示。

2）通过组织演习提高钣金修复人员的消防常识，当发生事故后能有效使用灭火器进行灭火。

（2）预防钣金车间爆炸

1）钣金技师在打磨面漆时必须在通风的情况下进行，避免空气中聚集可燃物质导致燃烧。

2）钣金焊接时对于易燃内饰必须做好防护，避免焊接过程出现火花导致燃烧。

3）对于操作现场飞溅或洒落的易燃物质应在第一时间清理干净，如图1-57所示。

4）钣金作业中拆除的零部件要分开摆放，避免堆积过多，导致过热出现自燃。

图1-56 检查灭火器

5）车漆仓库应保持清洁干燥，杜绝一切火源，并且要定期检查、清洁。

（3）预防漏电

操作带电的设备时要防止导线接触潮湿的物体或地面，否则将会容易出现漏电。如在潮湿地面进行打磨作业时，打磨机的线束必须包有绝缘层，并且穿戴绝缘工作服，如图1-58所示。

绝缘层

图1-57 预防钣金车间爆炸

图1-58 预防漏电操作示意

（4）预防化学性烧伤

1）当沾上化学性物质时，应迅速将被化学品沾污的衣裤、鞋袜等更换。若已经接触到皮肤则用足量流动清水冲洗15~30min。无冲洗条件时，可细心擦尽水分，将患部用干净的布遮住，然后涂油膏或红药水，然后应尽快就医。

2）如果是黄磷烧伤时，应用大量清水冲洗、浸泡或用多层湿布覆盖患部，以隔绝空气、阻止燃烧，不要用油质药膏涂抹，以免磷溶于油，被伤口吸收而中毒，然后应尽快就医。

3）如图1-59所示，调油漆操作时应佩戴塑料手袋预防化学油漆、液体伤害。

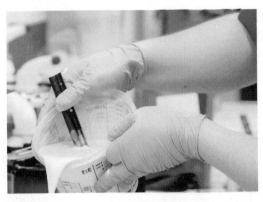

图 1-59　调油漆防护

（1）钣金技师工作守则

1）工作前要将工作场地清理干净，以免其他杂物妨碍工作，并认真检查所用的工具、设备技术状况是否良好，连接是否牢固。

2）进行校正作业或使用车身校正台时应正确夹持、固定、牵制车身，并使用适合的顶拔器等进行校正。此外，站立位置要正确，谨防物件脱出伤人。

3）使用机床、电焊机时，必须事先检查机器接地情况，确认无异常情况后，方可按启动程序开动使用。

4）电焊条要干燥、防潮，工作时应根据工件大小选择适当的电流及焊条。电焊作业时，操作者要佩戴面罩及劳动保护用品。

5）焊补油箱时，必须放净燃油，彻底清洗确认没有残油，敞开油箱盖谨慎施焊。

6）氧气瓶、乙炔气瓶要放到离火源较远的地方，不得在太阳下暴晒，不得撞击，所有氧焊工具不得粘上油污、油漆，并定期检查焊枪、气瓶、表头、气管是否漏气。

7）进行氧焊点火前，先开乙炔气后开氧气，熄火时先关乙炔气阀，发生回火现象时应迅速卡紧橡胶管，先关乙炔气阀再关氧气阀。

8）搬运氧气瓶及乙炔气瓶时必须使用专门搬运小车，切忌在地上拖拉，避免产生振荡引发爆炸。

（2）焊接与切割工作守则

1）作业前应对气焊的设备和工具，如氧气瓶、乙炔气瓶的减压阀、压力表、焊枪、气体软管等进行全面检查，发现问题及时更换或修复。

2）施焊现场附近不得有电闸和火源。安装压力表时，钣金技师头部应转向侧面，不准面对瓶口。冬季瓶口冻结时可用热水烫，不准用明火烤。

3）焊、割油箱油桶及其他易燃品容器前，应用碳酸氢钠溶液、水蒸气等清洗干净，并将所有的螺塞拆下，同时打开气孔，方可焊、割。焊接密封容器或两端不通气的管子等物体时，要先钻出排气口，防止焊接时容器内气体膨胀发生意外。

4）点燃焊枪时，应先开乙炔开关，后开氧气开关（图1-60）；施焊中熄火，应先关乙炔开关，后关氧气开关；当焊嘴温度过高，发出"啪啪"声时，应及时关闭乙炔开关、氧气开关。

5）氧气和乙炔体软管严禁互相换用。

6）作业完毕，应及时将焊枪卸下，将所有的阀门关闭，并将氧气瓶、乙炔气瓶分离，盖好气瓶盖，并妥善保管，避免发生意外。

图 1-60　焊枪点燃操作

第二章
汽车车身结构及拆装

第一节 车身结构概述

一 车身的特点与结构形式

（1）车身的特点

1）车身的功用。汽车车身既是驾驶人的工作场所，也是容纳乘客和货物的场所。

2）汽车车身技术要求：

① 给驾驶人提供良好操作条件，给乘客提供舒适的乘坐条件；保护他们免受汽车行驶时振动、噪声、废气的侵袭及外界恶劣气候的影响。

② 保证行车安全和减轻事故后果。

③ 保证汽车具有合理的外部形状，行驶时能有效引导周围气流，以减少空气阻力和燃油消耗。

④ 保证汽车行驶稳定性和改善发动机的冷却条件，并使室内通风良好。

⑤ 确保车身外观美观，以达到赏心悦目的效果。

（2）车身的结构形式

车身结构可按承载方式分为非承载式、承载式、半承载式以及空间构架式车身4种类型。

1）非承载式车身（图2-1）。

① 非承载式车身的结构特点。非承载式车身的车身与车架通过弹性元件连接，而发动机、传动系统、车身的总成部分是固定在一个刚性车架上，车架通过前后悬架装置与车轮相连。

汽车车身仅承受本身和所装载客货的重力和汽车行驶时的惯性力与空气阻力。

② 非承载式车身的优缺点。非承载式车身的底盘强度较高，抗颠簸性能好，车身不易扭曲变形。但比较笨重，质量大，一般用在货车、客车和越野车上。

图 2-1 非承载式车身

2）承载式车身（图2-2）

① 承载式车身的结构特点。承载式车身也称无车架式车身，其特点是发动机、前后悬架、传动系统的一部分等总成部件装配在车身上，车身负载通过悬架装置传给车轮。

图 2-2 承载式车身

② 承载式车身的优缺点。承载式车身的优点是噪声小、质量小、相对省油，但缺点是强度相对低。大多数轿车都采用承载式车身。

③ 半承载式车身（图 2-3）。半承载式车身的结构特点是车身与前支架用焊接法或螺栓刚性连接，两者成为一体而承受载荷。它实质上是另一种无车架车身，只是装了前支架，起一部分车架的作用，发动机和悬架均安装在车身前支架上。

④ 空间构架式车身（图 2-4）。空间构架式车身（Audi Space Frame，ASF）是奥迪研发的利用以铝为主要材料，结合其他材料构建车身的轻量化技术。

图 2-3　半承载式车身　　　　　　　　图 2-4　空间构架式车身

一　车身的组成结构

以轿车为例，车身是由外部覆盖件和内部钣金件经冲压、焊接而成的空间结构。它一般由车身壳体、车身外部装配件、车身内部装配件构成。

（1）车身壳体

如图 2-5 所示，车身壳体是整车的基础件，整车载荷由其承受。因此，整车的性能、质量、可靠性与车身壳体紧密相关。车身壳体的大部分部件都是通过焊接组合，也有少部分采用胶合方式，还有个别部件如前翼子板采用螺钉连接。

图 2-5　车身壳体

（2）车身外部装配件

如图 2-6 所示，车身外部装配件主要包含前保险杠总成、前围上板、前灯座框总成、左右前翼子板、左右前车门总成、左右后车门总成、后保险杠总成、行李舱总成、发动机盖总成及各类灯具、各类饰件等。

图 2-6　车身外部装配件

（3）车身内部装配件

车身内部装配件主要包括仪表板总成、操纵台、乘员舱装饰板、左右前座椅及安全带机构、后座椅总成、内视镜、后隔板等部件，如图 2-7 所示。

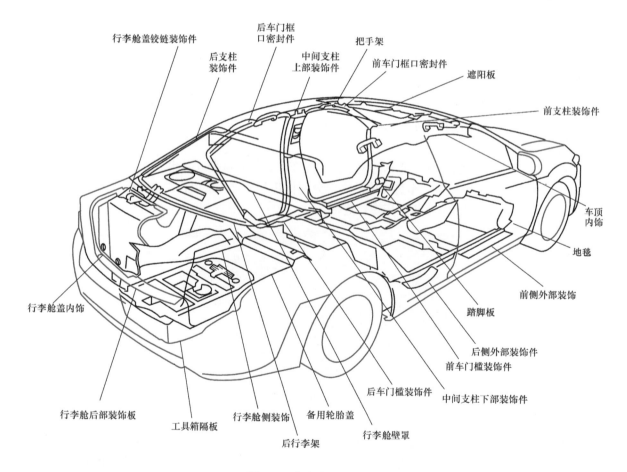

图 2-7　车身内部装配件

第二节 车门构件的更换与调整

一 车门的拆卸与安装

以丰田凯美瑞轿车为例，说明车门的拆卸与安装方法。

（1）前车门的拆卸与安装

1）拆卸前门后视镜内饰件。如图 2-8 所示，脱开后视镜内饰件的 2 个卡扣，并拆下后视镜内饰件。

2）拆卸前门辅助把手盖。用缠有保护带的螺钉旋具小心撬开 6 个定位爪，然后拆下辅助把手盖，如图 2-9 所示。

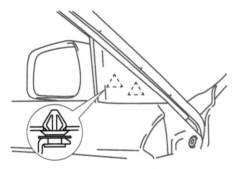

图 2-8 拆卸前门后视镜内饰件

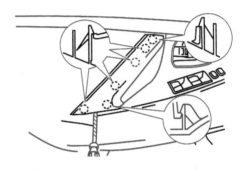

图 2-9 拆卸前门辅助把手盖

3）拆除前门饰板紧固螺栓。用螺钉旋具拆卸 3 个螺钉，然后用卡扣拆卸专用工具撬开 9 个卡扣，如图 2-10 所示。

4）拆下前门饰板。按图 2-11 中箭头所指方向拉出前门饰板，然后抬起前门饰板并撬开 4 个定位爪，最后将连接线插头拔下即可拆出前门饰板。

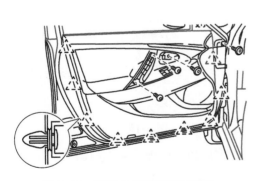

图 2-10 拆除前门饰板紧固螺栓

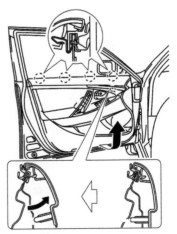

图 2-11 拆下前门饰板

5）拆卸前门玻璃。重新连接电动窗调节器主开关总成，并移动前门玻璃以便看到车门玻璃螺栓，然后将螺栓拆下并小心取出前门玻璃，如图2-12所示。

6）拆卸前门车窗调节器总成。拆卸5个紧固螺栓，然后作为一个整体拆下前门窗调节器和前电动车窗调节器电动机总成，如图2-13所示。

7）拆卸前门其他附件。如图2-14所示，拆卸前门密封条以及其他相关部件。

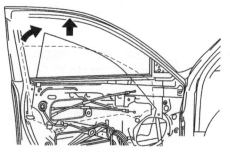

图 2-12　拆卸前门玻璃

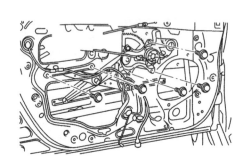

图 2-13　拆卸前门车窗调节器总成

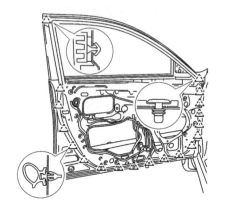

图 2-14　拆卸前门其他附件

8）拆卸前门开度限位器总成。拆下前门开度限位器总成3个紧固螺栓后，即可将前门开度限位器总成和前车门拆下，如图2-15所示。

9）安装前门。前门的安装与拆卸的顺序相反，但应调整前门位置到合适的位置，如图2-16所示。

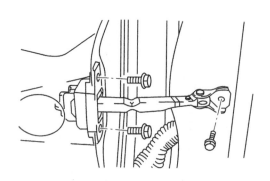

图 2-15　拆卸前门开度限位器总成

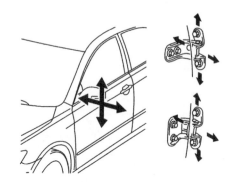

图 2-16　安装前门

10）前门安装验收。前门安装完成后，必须根据门边的间隙要求进行验收，如图2-17所示。**注意：图2-17中的尺寸单位为mm。**

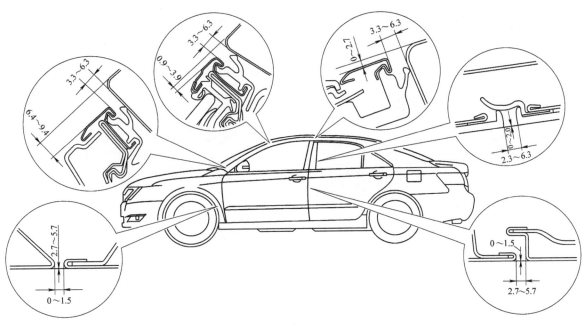

图 2-17　前门安装验收

（2）后车门的拆卸 / 安装

1）拆卸后门内把手饰环塞。用缠有保护带的螺钉旋具撬开 3 个定位爪，并拆下后门内把手饰环塞，如图 2-18 所示。

2）拆卸后车门辅助把手盖。用缠有保护带的螺钉旋具小心撬开 6 个定位爪，然后拆下辅助把手盖，如图 2-19 所示。

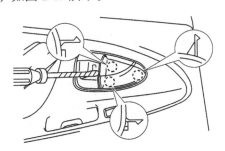

图 2-18　拆卸后门内把手饰环塞

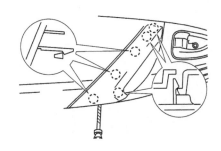

图 2-19　拆卸后车门辅助把手盖

3）拆除后门饰板紧固螺栓。如图 2-20 所示，用螺钉旋具拆卸 3 个螺钉，然后用卡扣拆卸专用工具撬开 7 个卡扣。

4）拆下后门饰板。抬起后门饰板并撬开 4 个定位爪，最后将连接线插头拔下即可拆出后门饰板，如图 2-21 所示。

5）拆卸后门玻璃。重新连接电动窗调节器开关总成，并移动后门玻璃以便看

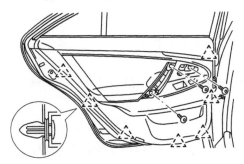

图 2-20　拆除后门饰板紧固螺栓

到车门玻璃螺栓，然后将螺栓拆下，并小心取出后门玻璃，如图2-22所示。

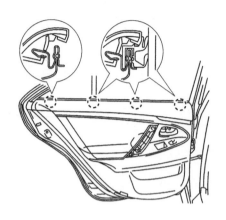

图2-21 拆下后门饰板

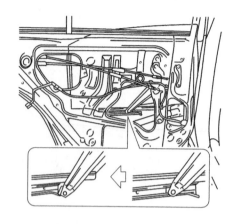

图2-22 拆卸后门玻璃

6）拆卸后门车窗调节器总成。拆卸3个紧固螺栓，然后作为一个整体拆下后门窗调节器和后电动车窗调节器电动机总成，如图2-23所示。

7）拆卸后门其他附件。拆卸后门密封条以及其他相关部件，如图2-24所示。

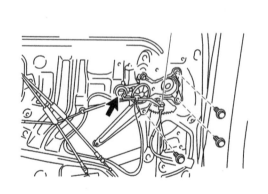

图2-23 拆卸后门车窗调节器总成

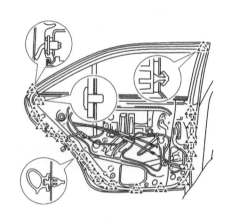

图2-24 拆卸后门其他附件

8）拆卸后门。拆下后门开度限位器总成3个紧固螺栓后，即可将后门开度限位器总成和后车门拆下，如图2-25所示。

9）安装后门。后门的安装与拆卸的顺序相反，但应调整后门位置到合适的位置，如图2-26所示。

10）后门安装验收。后门安装完成后，必须根据门边的间隙要求进行验收，如图2-27所示。**注意：图2-27中的尺寸单位为mm。**

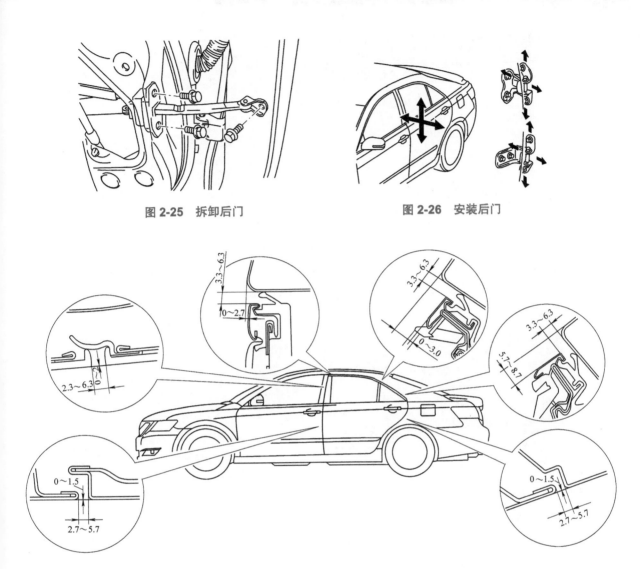

图 2-25 拆卸后门　　　　　　　图 2-26 安装后门

图 2-27 后门安装验收

二　车门拉手的更换

（1）车门外侧拉手的更换

1）拆卸车门内饰板。拆下车门内饰板的紧固螺钉，然后将车门内饰板取下，如图 2-28 所示。

2）拆卸车门外侧拉手装饰盖。用缠有保护带的螺钉旋具撬开车门外侧拉手装饰盖（图 2-29），注意别伤到车门油漆，可以用抹布做垫子加以保护。

图 2-28　拆卸车门内饰板

图 2-29　拆卸车门外侧拉手装饰盖

3）拆卸车门外侧拉手拉线。从车门内侧将固定器上的两侧凸缘向外拉出，并将外壳罩的中间凸缘部分拉出，然后从锁闩上断开锁芯拉线，最后松开外侧拉手的卡钩，如图 2-30 所示。

4）取下车门外侧拉手。小心地取下车门外侧拉手，如图 2-31 所示。

图 2-30　拆卸车门外侧拉手拉线

图 2-31　取下车门外侧拉手

5）安装车门外侧拉手。如图 2-32 所示，按照相反的顺序安装好车门外侧拉手，对于驾驶人侧车门外侧拉手，更换后要对锁芯进行匹配。

（2）车门内侧拉手的更换

1）拆下车门内饰板螺钉盖。如图 2-33 所示，用螺钉旋具小心撬开车门内饰板螺钉盖。

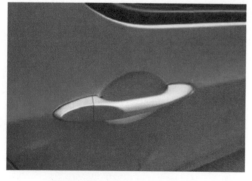

图 2-32　安装车门外侧拉手

图 2-33　拆下车门内饰板螺钉盖

2）拆卸车门内饰板饰件。如图 2-34 所示，用螺钉旋具小心地撬开车门内饰板饰件。

3）拆下车门内饰板螺钉。如图 2-35 所示，用螺钉旋具拆下车门内饰板上的所有紧固螺钉。

图 2-34 拆卸车门内饰板饰件

图 2-35 拆下车门内饰板螺钉

4）拆卸车门内饰板。用力慢慢地拆下车门内饰板，如图 2-36 所示。

5）拆下车门内侧拉手卡钩。用手拔下车门内侧拉手卡钩，如图 2-37 所示。

图 2-36 拆卸车门内饰板

图 2-37 拆下车门内侧拉手卡钩

6）拆卸车门内饰板线束插头。用手拔下所有的车门内饰板线束插头，如图 2-38 所示。

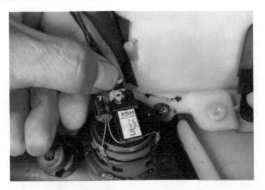

图 2-38 拆卸车门内饰板线束插头

7）拆下车门内侧拉手。用螺钉旋具拆下 4 颗紧固螺钉，然后取下车门内侧拉手，如图 2-39 所示。

8）安装车门内饰拉手。安装新车门内饰拉手，然后按照与拆卸相反的顺序安装好车门内饰板，如图 2-40 所示。

图 2-39　车门内侧拉手

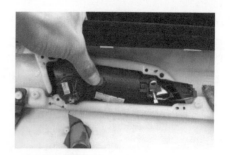

图 2-40　安装车门内饰拉手

三　车门锁闩的更换

（1）拆下车门内侧拉手

用螺钉旋具撬开车门内侧拉手螺钉盖，然后拆下螺钉，再拆下内侧拉手，如图 2-41 所示。

（2）拆下车门内饰板

如图 2-42 所示，拆卸车门内饰板的附件，然后拆下车门内饰板。

图 2-41　拆下车门内侧拉手

图 2-42　拆下车门内饰板

（3）拆下车门锁闩紧固螺钉

如图 2-43 所示，用螺钉旋具拆下门边 3 颗紧固螺钉。

（4）拆下车门锁闩

拆下车门锁闩侧边紧固螺钉，然后拆下连接插头、卡钩，并取出车门锁闩总成，如图 2-44 所示。

图 2-43　拆下车门锁闩紧固螺钉

图 2-44　拆下车门锁闩

（5）安装车门锁闩

按照与拆卸相反的顺序安装车门锁闩及其他部件，如图 2-45 所示。

（6）检查车门锁闩

检查车门锁闩，确保工作正常即可，如图 2-46 所示。

图 2-45　安装车门锁闩

图 2-46　检查车门锁闩

四　车门玻璃及调节器的更换

（1）拆下车门内饰板

拆开车门内饰板，然后断开车窗电动机插头等线束和线束卡夹，拆下车门内饰板，如图 2-47 所示。

（2）拆下车门玻璃

如图 2-48 所示，小心地移动车门玻璃直到能看到螺栓为止，然后将其拆下。从车窗凹槽中小心地拉出玻璃。注意：不要将玻璃掉进车门里。

（3）拆下车窗电动机插头

从调节器上断开车窗电动机插头，如图 2-49 所示。

图 2-47　拆下车门内饰板

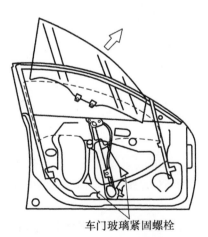

车门玻璃紧固螺栓

图 2-48　拆下车门玻璃

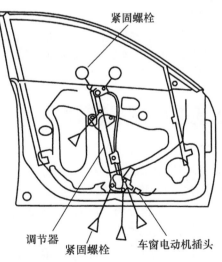

紧固螺栓

调节器　紧固螺栓　车窗电动机插头

图 2-49　拆下车窗电动机插头

（4）拆卸调节器

用T形杆拆下车门玻璃调节器紧固螺栓及螺母，通过车门孔拆下调节器，如图2-50所示。

（5）调节器选择

如图2-51所示，对比新旧调节器，选择型号一致的调节器。

（6）安装调节器及车门玻璃

如图2-52所示，按照与拆卸相反的顺序安装车门玻璃与调节器。

图 2-50　拆卸调节器

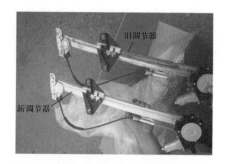

图 2-51　调节器选择

图 2-52　安装调节器

学习提示：

安装完成后要注意以下事项：

1）上下移动车门玻璃，查看是否可移动自如，没有阻滞。

2）确保升起玻璃时，玻璃与玻璃升降导槽之间没有缝隙。必要时调节玻璃的位置。

3）重新对车窗电动机控制单元进行匹配设置。

4）重新安装车门内饰板时，确保塑料盖、外围密封件安装正确，以防漏水。

5）检查是否漏水，然后进行路试并检查是否有风隙噪声与"咔嗒"声。

6）确保电动车门锁、车窗与电动后视镜工作正常。

五　车门玻璃的调节

（1）前门玻璃的调节

拆开前车门内饰板，然后小心地移动玻璃直到能看到玻璃紧固螺栓为止，然后将其松开。将车窗玻璃推入车窗导槽，然后拧紧玻璃紧固螺栓（图2-53），确保车窗玻璃移动顺畅即可。

（2）后门玻璃的调节

拆开后车门内饰板，然后小心地移动玻璃直到能看到玻璃紧固螺栓为止，然后将其松开。将车窗玻璃推入车窗导槽，然后拧紧玻璃紧固螺栓（图2-54），确保车窗玻璃移动顺畅即可。

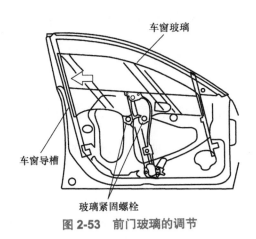

图 2-53　前门玻璃的调节

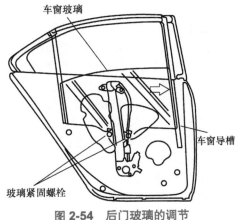

图 2-54　后门玻璃的调节

六　车门窗装饰件的更换

（1）车门窗内侧装饰件的更换

首先拆下车门内饰板，然后分别拆下车门窗内侧上的装饰件（图 2-55）。

1）沿装饰件外缘向后拉，以松开车门窗格中间支柱部分车门玻璃框口凸缘上的卡钩。

2）松开车门窗格后角部玻璃导槽上的卡钩。

3）沿装饰件外缘向后拉，以松开车门窗格顶部与前支柱部分车门玻璃框口凸缘上的卡钩。

4）安装装饰件时，将装饰件角部与车门窗格后角部对齐，然后将装饰件卡钩放置在玻璃导槽上。接着沿车门窗格中间支柱部分、车顶部分，以及前支柱部分的装饰件设置装饰件卡钩。

（2）车门窗外侧装饰件的更换

首先拆下车门内饰板，然后拆下车门外部卡钩，最后分别拆下车门窗外侧装饰件和密封条（图 2-56）。

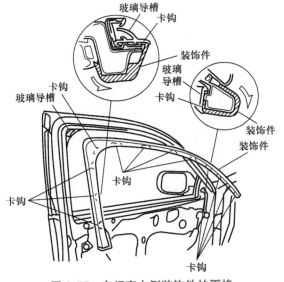

图 2-55　车门窗内侧装饰件的更换

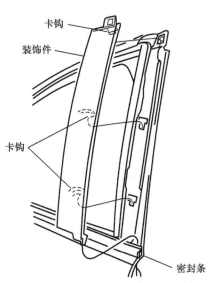

图 2-56　车门窗外侧装饰件的更换

1）向上拉动车门窗外侧装饰件，以松开车门上的卡钩，并松开车门玻璃外侧密封条与车门之间的装饰件。

2）拆下装饰件，但要小心不要损坏车门玻璃外侧密封条。

3）安装时按照与拆卸相反的顺序进行。

（3）车门玻璃外侧密封条的更换

1）首先拆下车门内饰板以及其他相关部件，然后将玻璃完全升起。从车门板内滑动车门玻璃外侧密封条上的卡夹，以松开车门板凸缘上的卡钩。

2）使用一字螺钉旋具，从车门内推出后卡钩，并拔起车门玻璃外侧密封条，然后拆下密封条即可，如图2-57所示。

3）安装按拆卸相反顺序进行，但要注意以下内容：

① 如果卡夹损坏或因重压受损，则更换新的卡夹。

② 安装车门玻璃外侧密封条之前，将后卡钩和密封条卡夹与凸缘对齐，通过滑动卡夹使其在凸缘处固定。

③ 将车门玻璃外侧密封条的卡夹部分牢固地推动到位，然后重新安装所有剩余的已拆卸部件即可。

（4）车门玻璃内侧密封条的更换

首先拆开车门限位器螺栓，然后脱开密封条卡夹与卡钩，最后从车门窗支架上松开车门密封条即可拆下，如图2-58所示。安装时与拆卸顺序相反，安装时注意事项如下：

1）如果卡夹已损坏或因重压受损，则使用新的卡夹进行更换。

2）确保支架内的密封条安装牢固。

3）安装前，在车门限位器装配螺栓上涂抹润滑脂。

4）确保安装后无漏水。

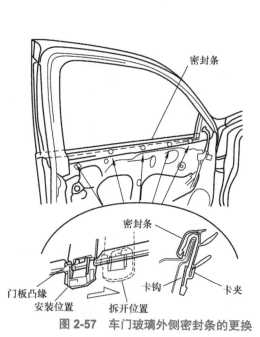

图2-57 车门玻璃外侧密封条的更换

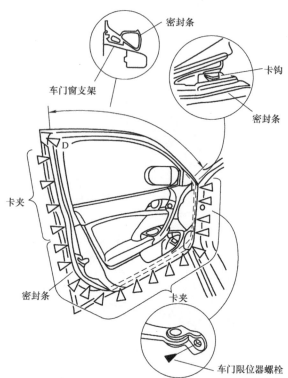

图2-58 车门玻璃内侧密封条的更换

第三节　保险杠的更换与调整

一　前保险杠的拆卸与安装

（1）前保险杠的拆卸

1）从前保险杠上拆下所有规定螺钉、卡扣和散热器护栅保护装置。

2）脱开前保险杠左右两侧的定位爪，然后拆开前保险杠。

3）断开前保险杠上的每个连接器，然后取下前保险杠。

4）从保险杠上拆卸下雾灯总成。

5）从保险杠上拆下散热器下护栅。

（2）前保险杠的安装

1）如图2-59所示，将新的前保险杠左右两侧的定位爪对准安装孔和螺栓孔，然后将用螺钉和卡扣将前保险杠拧牢固。

图2-59　前保险杠的安装

2）将雾灯总成的连接器连接好，然后将雾灯总成安装在前保险杠的雾灯安装孔上。

3）安装好散热器下护栅。

二　后保险杠的拆卸与安装

（1）拆卸后尾灯

打开行李舱，用扳手拧出后尾灯的紧固螺母，最后小心拆下后尾灯，如图2-60所示。

（2）拆卸后保险杠

如图2-61所示，拆下后保险杠螺栓的防护盖，然后拆下固定后保险杠的卡夹、螺钉与螺栓，然后取下后保险杠。

图2-60　拆下后尾灯

图2-61　拆卸后保险杠

（3）安装后保险杠（图 2-62）

安装后保险杠角部传感器线束插头，然后将后保险杠对准螺栓安装孔和卡孔，最后用螺栓将保险杠固定牢固。

图 2-62　安装后保险杠

学习提示：

1）安装时确保后保险杠角部传感器线束插头插入正确。

2）安装时确保后保险杠与每侧的卡钩牢固地啮合。

3）检查卡夹是否损坏或因重压受损，必要时更换新卡夹。

4）安装时推动卡夹与卡钩使其牢固就位。

第四节　发动机盖相关部件的调节与更换

发动机盖的调节

（1）发动机盖调节方法

拆下前格栅罩以及前翼子板装饰件，然后对发动机盖进行调节，如图 2-63 所示。调节方法如下：

1）调整发动机盖内支撑铰链，对发动机盖前后左右的位置进行调节。必要时，翻转发动机盖边缘垫，使发动机盖与车身前部侧边齐平。

2）调节发动机盖锁闩，使其前向边高度正常，并左右移动发动机盖锁闩，直至发动机盖锁闩扣在发动机盖锁闩内居中。

3）将螺栓拧紧至规定力矩。

（2）发动机盖调节验收

1）检查发动机盖，应开启正常与关闭牢固。

2）在铰链紧固螺栓以及铰链周围喷涂修理漆，并使其晾干。

3）在发动机盖锁闩及发动机盖铰链上涂抹多功能润滑脂。

4）按照相反的顺序安装所有拆下的部件。

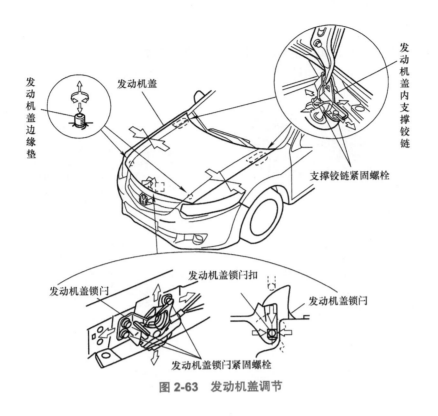

图 2-63 发动机盖调节

二 发动机盖锁控制拉索总成的更换

（1）发动机盖锁控制拉索总成结构

发动机盖锁控制拉索总成结构主要包括发动机盖锁闩、发动机盖锁控制拉索、发动机盖拉手等，如图 2-64 所示。

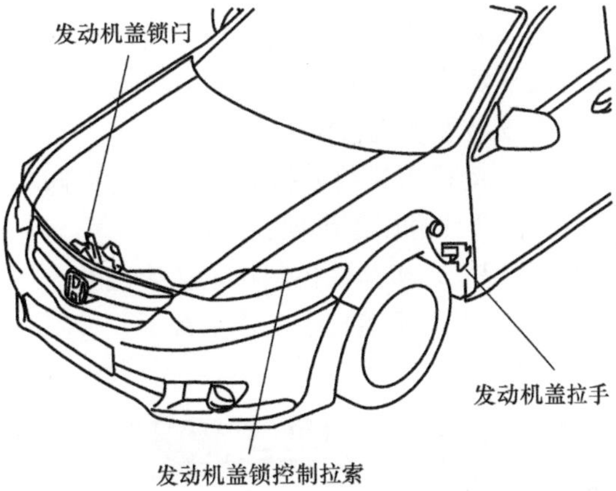

（2）拆开发动机盖锁闩上的拉索

首先拆开前格栅罩、前翼子板装饰件和驾驶人侧护板，然后拆下进气管罩的卡夹，并向后移动进气管罩，开始拆卸发动机盖锁控制拉索，如图 2-65 所示。

1）从发动机盖锁闩上断开发动机盖锁控制拉索，并且小心不要扭结拉索。

2）使用卡夹专用工具脱开卡夹，并从卡夹上松开发动机盖锁控制拉索即可。

（3）装发动机盖锁控制拉索

图 2-64 发动机盖锁控制拉索总成结构

发动机盖拉手上断开发动机盖锁控制拉索，从车身上拆下护圈，然后从车辆上拆下发动机盖锁控制拉索。如图 2-66 所示，安装发动机盖锁控制拉索，按与拆卸相反的顺序进行，但要注

意以下事项：

1）检查卡夹是否损坏，如果损坏应使用新卡夹进行更换。

2）安装仪表板下发动机盖锁控制拉索时，在地线线束之上布置拉索。

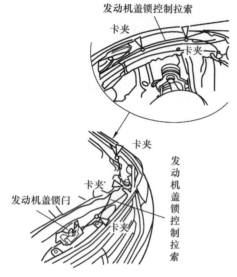

图 2-65 拆卸发动机盖锁闩上的拉索

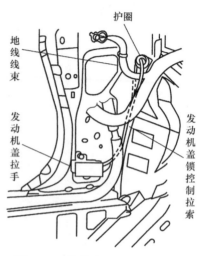

图 2-66 装发动机盖锁控制拉索

三 发动机盖拉手的更换

（1）拆卸发动机盖拉手

首先拆下驾驶人侧踢脚护板，然后拆下发动机盖拉手上的 2 颗紧固螺栓，最后断开发动机盖锁控制拉索即可取下发动机盖拉手，如图 2-67 所示。

（2）安装发动机盖拉手

安装发动机盖锁控制拉索时按照与拆卸相反的顺序进行，但要注意以下事项：

1）确保发动机盖锁控制拉索连接正确。

2）确保发动机盖拉手工作正常。

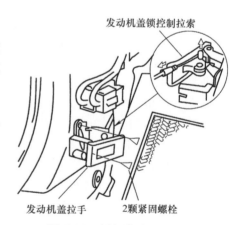

图 2-67 拆卸发动机盖拉手

四 发动机盖锁闩的更换

（1）拆卸发动机盖锁闩罩

首先拆下前格栅罩和发动机盖锁闩罩上的 2 颗紧固螺栓，然后松开线束卡夹即可将取下发动机盖锁闩罩，如图 2-68 所示。

（2）拆卸发动机盖锁闩

拆下发动机盖锁闩上的 3 颗螺栓，然后从发动机盖锁闩上断开发动机盖锁控制拉索，然后断开发动机盖锁闩开关插头即可取下发动机盖锁闩，如图 2-69 所示。

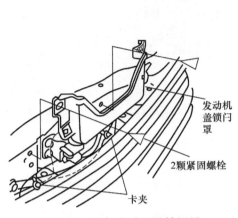

图 2-68　拆卸发动机盖锁闩罩

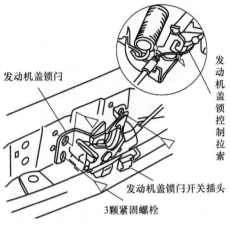

图 2-69　拆卸发动机盖锁闩

（3）安装发动机盖锁闩

安装发动机盖锁闩时按照与拆卸相反的顺序进行，但要注意以下事项：

1）在发动机盖锁闩的各部位涂抹润滑脂。

2）确保发动机盖锁控制拉索连接正常，且发动机盖锁闩插头正确插入。

3）正确调节发动机盖锁闩位置，使发动机盖开启正常且锁定牢固。

第五节　车身前部翼子板更换

车身左前部翼子板更换

（1）拆下发动机盖边缘饰件

用专用工具拆下卡扣，然后拆下发动机盖边缘饰件，如图 2-70 所示。

（2）拆下左前翼子板上部紧固螺栓

用专用工具拆下左前翼子板上部紧固螺栓，如图 2-71 所示。

（3）拆下左前翼子板门边紧固螺栓

打开左前门，在缝隙中用专用工具拆下左前翼子板门边紧固螺栓，如图 2-72 所示。

（4）拆开左前翼子板内衬紧固螺栓

如图 2-73 所示，拆下左前翼子板内衬紧固螺栓，然后将翼子板拆开。

（5）拆下左前翼子板下边紧固螺栓

首先将侧裙拆下，然后拆下左前翼子板下边 2 颗紧固螺栓，如图 2-74 所示。

（6）拆装左前翼子板

如图 2-75 所示，小心地拆下左前翼子板，避免将车身油漆刮花。

图 2-70　拆下发动机盖边缘饰件

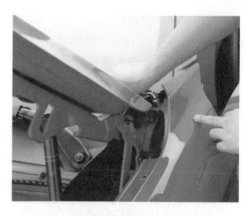

图 2-71　拆下左前翼子板上部紧固螺栓

图 2-72　拆下左前翼子板门边紧固螺栓

图 2-73　拆开左前翼子板内衬紧固螺栓

图 2-74　拆卸下边紧固螺栓

图 2-75　拆下左前翼子板

二　车身右前部翼子板更换

1）右前翼子板的拆卸顺序和左前翼子板一致。

2）将右前翼子板的安装孔与螺栓孔对准，然后拧上螺栓，最后将所有的螺栓用 T 形扳手拧牢固，如图 2-76 所示。

3）将拆卸的部件全部安装好，然后进行验收检查，如图 2-77 所示。

图 2-76　拧紧翼子板的安装螺栓

图 2-77　验收检查

第六节　车身玻璃的更换

一　前风窗玻璃的更换

（1）仪表台防护

首先，在车室内的仪表台覆盖橡胶垫（图 2-78），避免玻璃碴掉到车室内刮花仪表台。

（2）拆卸前风窗玻璃排水槽

如图 2-79 所示，将前风窗玻璃排水槽拆卸，便于安装前风窗玻璃。

图 2-78　仪表台防护

图 2-79　拆卸前风窗玻璃排水槽

（3）切开前风窗玻璃定形件

从前风窗玻璃上缘拆下定形件，如图 2-80 所示。必要时，使用多功能小刀将定形件切断。

（4）拆卸车顶内衬

如图 2-81 所示，向下拉车顶内衬的前部。小心不要过度弯折车顶内衬，否则会将其弯折或折断。

图 2-80　切开前风窗玻璃定形件

图 2-81　拆卸车顶内衬

（5）前风窗玻璃四周贴纸胶带

沿仪表板和前风窗玻璃四周贴纸胶带，如图 2-82 所示。使用锥子，从车辆内侧在前风窗玻璃的角部穿过橡胶嵌条、粘结胶带与仪表板密封件钻一个小孔。将高强度钢丝穿过小孔，并将高强度钢丝的两端各绕在木棒上。

（6）拆卸前风窗玻璃

由一名助手在外侧，以拉锯的动作将高强度钢丝来回拉动。保持高强度钢丝尽可能地靠近前风窗玻璃，以防损坏车身与仪表板。在整个前风窗玻璃四周小心地切割橡胶嵌条和黏合剂。最后小心地将前风窗玻璃拆下，如图 2-83 所示。

图 2-82　前风窗玻璃四周贴纸胶带

图 2-83　拆卸前风窗玻璃

（7）清理前风窗玻璃框口边缘粘接表面

如图 2-84 所示，使用小刀，将前风窗玻璃框口边缘粘接表面上原有的黏合剂刮平约 2mm 的厚度。注意：不要刮伤车身的漆层表面，损坏漆层会妨碍粘接。

（8）清洁前风窗玻璃框口

如图 2-85 所示，使用一块浸有乙醇的抹布清洁车身粘接表面。清理后，勿使框口表面沾染机油、油脂及水等。

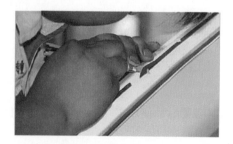

图 2-84　清理粘接表面

图 2-85　清洁前风窗玻璃框口

（9）安装新的雨水传感器罩基座

如果要对前风窗玻璃进行替换，则将新的雨水传感器罩基座安装至前风窗玻璃内表面，如图 2-86 所示。

（10）前风窗玻璃校中

使用粘接胶带将橡胶嵌条、上卡夹与仪表板密封件粘接到前风窗玻璃的内表面。然后将前风窗玻璃放置在开口部位，并进行校中，如图 2-87 所示。确保两个上卡夹、销接触车身孔边缘。但小心不要触摸前风窗玻璃上要涂抹黏合剂的部位。

图 2-86　安装新的雨水传感器罩基座

图 2-87　前风窗玻璃校中

（11）涂抹黏合剂

在橡胶嵌条和定形件之间的前风窗玻璃周围涂出一条黏合剂带，如图 2-88 所示。

（12）安装前风窗玻璃

如图 2-89 所示，使用吸盘吸住前风窗玻璃，将其移至并保持在待安装的窗框口外，将其与校中所作出的定位标记对准，然后放到黏合剂上。轻微按压前风窗玻璃，直到边缘同黏合剂完全粘接。

图 2-88　涂抹黏合剂

图 2-89　安装前风窗玻璃

（13）清理保护带及多余黏合剂

如图 2-90 所示，大约 1h 之后，等待黏合剂干燥后清理保护带，然后使用抹布将多余的黏合剂刮掉或擦去。为了除去漆层表面或前风窗玻璃上的黏合剂，需要使用浸过乙醇的柔软抹布进行擦拭。

（14）安装未安装的部件

重新安装所有未安装的部件，包括前风窗玻璃排水槽等，如图 2-91 所示。

图 2-90 清理保护带

图 2-91 安装未安装的部件

二 后风窗玻璃的更换

（1）后排座椅防护

如图 2-92 所示，首先在车室内的后排座椅覆盖棉垫，避免玻璃碴掉到车室内。

（2）拆卸后风窗玻璃

首先断开车窗天线插头与后车窗除雾器插头，然后从后风窗玻璃上缘拆下定形件，如图 2-93 所示。必要时，使用多功能小刀将定形件切断。最后拆除后风窗玻璃。

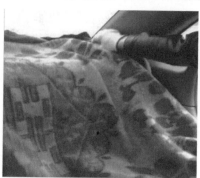

图 2-92 后排座椅防护

图 2-93 拆卸后风窗玻璃

（3）拆卸橡胶嵌条

如图 2-94 所示，拉开损坏的橡胶嵌条，安装时更换新件。

（4）清理后风窗玻璃框口边缘粘接表面杂质

如图 2-95 所示，使用小刀将后风窗玻璃框口边缘粘接表面上的玻璃以及其他杂质清理掉。

（5）安装新的橡胶嵌条至后风窗玻璃内表面

如图 2-96 所示，安装新的橡胶嵌条至后风窗玻璃内表面，确保密封良好。

图 2-94 拆卸橡胶嵌条

图 2-95　清理框口杂质

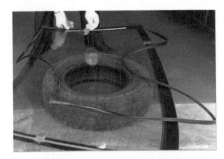

图 2-96　安装新的橡胶嵌条

（6）清理后风窗玻璃框口边缘粘接表面

如图 2-97 所示，使用小刀，将后风窗玻璃框口边缘粘接表面上原有的黏合剂刮平到约 2mm 的厚度。

（7）清洁后风窗玻璃框口

如图 2-98 所示，使用一块浸有乙醇的抹布清洁车身粘接表面。清理后，勿使框口表面沾染机油、油脂及水等。

图 2-97　清理框口粘接表面的黏合剂

图 2-98　清洁后风窗玻璃框口

（8）后风窗玻璃校中

如图 2-99 所示，将后风窗玻璃放置在框口内，并进行校中。使用油彩笔在后风窗玻璃与车身上做四点对正标记。确保两个上卡夹的销与车身孔边缘相接触。小心不要触摸后风窗玻璃上要涂抹黏合剂的部位。

（9）涂抹黏合剂

如图 2-100 所示，在橡胶嵌条和定形件之间的后风窗玻璃周围涂出一条黏合剂带。

图 2-99　后风窗玻璃校中

图 2-100　涂抹黏合剂

（10）安装后风窗玻璃

如图 2-101 所示，使用吸盘吸住后风窗玻璃，将其移至并保持在待安装的窗框口外，将其与校中所作出的定位标记对准，然后放到黏合剂上。轻微按压后风窗玻璃，直到边缘同黏合剂完全粘接。

（11）清理多余黏合剂并连接相关插头

大约 1h 之后，等待黏合剂干燥后使用抹布将多余的黏合剂刮掉或擦去。为了除去漆层表面或后风窗玻璃上的黏合剂，需要使用浸过乙醇的柔软抹布进行擦拭。最后将车窗天线插头与后车窗除雾器插头连接好即可完成安装，如图 2-102 所示。

图 2-101　安装后风窗玻璃

图 2-102　清理多余黏合剂并连接相关插头

三　天窗玻璃的更换

（1）拆卸天窗玻璃紧固螺钉

首先，完全关闭天窗玻璃，然后将遮阳板完全向后滑动。撬起螺钉盖拆下天窗玻璃紧固螺钉，如图 2-103 所示。

（2）拆下天窗玻璃

举起天窗玻璃，将其拆下，如图 2-104 所示。

（3）清洁天窗碎玻璃及其他杂质

如图 2-105 所示，用吸尘机清洁天窗碎玻璃及其他杂质。

图 2-103　撬起螺钉盖板

图 2-104　拆下天窗玻璃

图 2-105　清洁天窗碎玻璃及其他杂质

（4）新天窗玻璃

选择原厂的天窗玻璃，确保型号一致，如图 2-106 所示。

（5）安装新天窗玻璃

将新天窗玻璃放置框后，然后校中位置，如图 2-107 所示。

 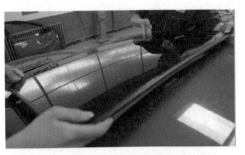

图 2-106　新天窗玻璃　　　　　　图 2-107　安装新天窗玻璃

（6）紧固天窗玻璃螺钉

将天窗玻璃螺钉全部紧固到位，如图 2-108 所示。

（7）安装天窗玻璃密封条

如图 2-109 所示，将天窗玻璃密封条安装到位。

图 2-108　紧固天窗玻璃螺钉　　　　图 2-109　安装天窗玻璃密封条

（8）检查天窗玻璃工作

如图 2-110 所示，重新设置天窗控制单元，然后检查天窗玻璃的工作状态，如有异常应重新调整，使其恢复正常状态。

（9）验证天窗玻璃密封性

如图 2-111 所示，使用无喷嘴的软管浇注无压水，确保天窗玻璃密封良好。注意：如果有水从天窗渗漏到遮阳板框架并从排水槽排出，属正常现象。

图 2-110　检查天窗玻璃工作　　　　图 2-111　验证天窗玻璃密封性

第七节 车架更换

副车架的更换

（1）举升车辆

举升车辆准备更换副车架，如图 2-112 所示。

（2）拆卸轮胎及其他部件

如图 2-113 所示，拆卸轮胎及其他部件，如副车架安装部件。

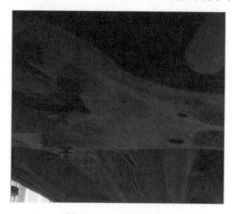

图 2-112 举升车辆

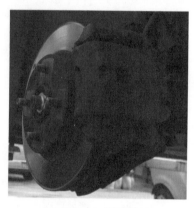

图 2-113 拆卸轮胎

（3）拆卸副车架

从车辆底盘上拆下副车架总成，如图 2-114 所示。

（4）安装副车架

如图 2-115 所示，将旧副车架的相关部件拆下，然后安装到新副车架上。最后，按照相反的顺序安装新副车架至底盘上。

图 2-114 拆卸副车架

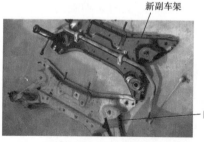

新副车架

旧副车架

图 2-115 新、旧副车架的部件

二 前纵梁的更换

（1）前纵梁长度确定

1）确定前纵梁更换的长度，划出切除线。

2）用砂轮或平头钻除去应切割部分的前纵梁与翼子板连接的焊点。

3）截去纵梁的损坏部分。

4）对换上的前纵梁，按前纵梁截去的长度，预留20mm焊接长度（图2-116），截去新前纵梁多余的部分。

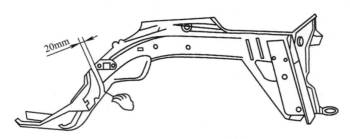

图 2-116 前纵梁长度确定

（2）前纵梁焊接处清洁除锈

如图2-117所示，对前纵梁焊接处进行清洁除锈，并且在前纵梁对接处，用相同厚度的钢板制作一个加强板覆盖其上，以提高纵梁的强度。

（3）前纵梁定位及焊接

将前纵梁在车身中进行测量定位（图2-118），然后用点焊方法焊接前纵梁与翼子板。

图 2-117 焊接处清洁除锈

图 2-118 前纵梁定位

（4）前纵梁防腐处理

对前纵梁焊接处进行修整，并用胶枪打完胶之后，用刷子将密封胶涂抹平整（图2-119），即可完成防腐处理。

图 2-119　涂抹密封胶

第三章

汽车装饰件更换与调整

第一节　车外装饰件更换与调整

一　前格栅罩的更换

（1）拆卸前格栅罩

如图 3-1 所示，用卡夹专用工具拆下 8 个卡扣，然后向上拉前格栅罩的边缘，使其从前格栅和凹槽中松开。最后，将发动机盖锁闩按钮穿过发动机盖内的孔，即可将前格栅罩拆下。

（2）安装前格栅罩

安装前格栅罩时按照与拆卸相反的顺序进行，但必须注意以下事项：

1）检查卡夹是否损坏，如果损坏必须更换新的卡夹。

2）推动卡夹使其紧固到位即可。

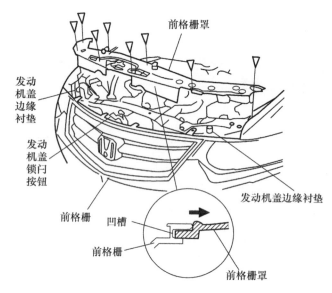

图 3-1　拆卸前格栅罩

二　前格栅的更换

（1）拆卸前保险杠

如图 3-2 所示，将前格栅罩拆下，然后拆下紧固的螺钉和卡夹，并推动轮罩拱部位的前保险杠，将其从侧垫片上的卡钩上分离开。最后，断开前雾灯插头、前照灯清洗器导管与前角部传感器插头，然后拆下保险杠。

（2）拆卸前格栅

如图 3-3 所示，拆下前格栅上的螺钉与卡夹，然后从前保险杠上松开前格栅卡钩，即可从前保险杠凹槽中取下前格栅。

（3）安装前格栅

安装前格栅按照与拆卸相反的顺序进行，但必须注意以下事项：

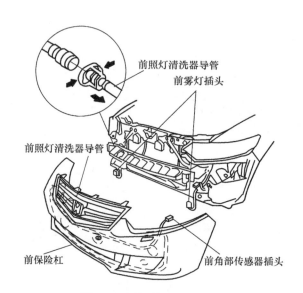

图 3-2　拆卸前保险杠

1）检查卡夹是否损坏，如果损坏必须更换新的卡夹。

2）推动卡夹与卡钩使其紧固到位即可。

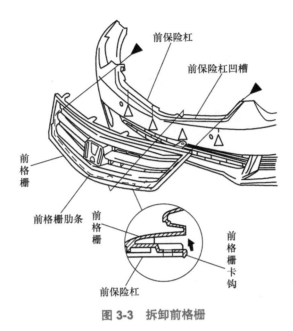

图 3-3 拆卸前格栅

三 翼子板内衬的拆装

1）将转向盘向左转到尽头，然后拆卸前轮翼子板内衬的所有螺钉，如图 3-4 所示。

2）如图 3-5 所示，取下前轮翼子板内衬，同时将翼子板内衬的泥块等异物清理干净。安装时按照拆卸相反顺序将前轮翼子板内衬的所有螺钉拧紧即可。

图 3-4 拆卸前轮翼子板内衬的螺钉

图 3-5 取下前轮翼子板内衬

四 风窗玻璃侧装饰件的更换

（1）拆卸风窗玻璃侧装饰件

1）如图3-6所示，用手将装饰件上部固定座部分推向支柱侧，然后用缠有保护带的旋具轻轻地撬起装饰件，使其从固定座上松开。最后，逐渐向下移动，松开固定座。

2）向后滑动装饰件，将其从底部卡夹上拆下。

（2）拆卸底部卡夹

如图3-7所示，将底部卡夹转动90°，然后从车身上拆下。同时检查底部卡夹是否损坏，如果损坏应更换新件。

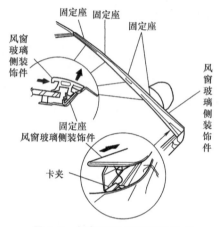

图3-6 拆卸风窗玻璃侧装饰件

图3-7 拆卸底部卡夹

（3）安装底部卡夹

如图3-8所示，将底部卡夹安装在风窗玻璃侧装饰件上。同时确保卡夹凸出部位朝上。

（4）安装风窗玻璃侧装饰件

如图3-9所示，拿起风窗玻璃侧装饰件，从顶部开始将装饰件上的孔与固定座对准，底部卡夹与车身内的孔对齐，然后推动装饰件，直至装饰件与底部卡夹固定到位即可。

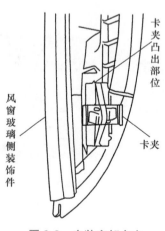

图3-8 安装底部卡夹

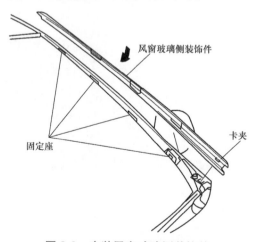

图3-9 安装风窗玻璃侧装饰件

五　车顶定形件的更换

（1）拆卸车顶定形件

如图3-10所示，在车身上粘贴保护胶带，然后使用修整工具撬起车顶定形件。最后，向上拉并滑动车顶定形件，以便从销上松开前部支架，即可从风窗玻璃定形件之下拆下车顶定形件。然后，拉动拆下整条车顶定形件。

（2）安装车顶定形件

在车身上粘贴保护胶带，然后安装好销和支架，如图3-11所示。最后，按照一定顺序向下按压车顶定形件即可安装。

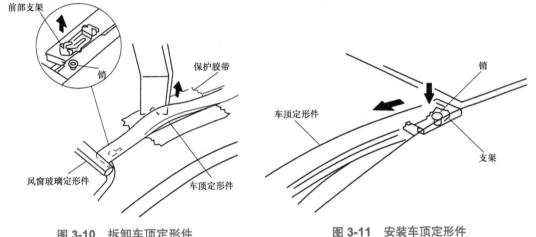

图3-10　拆卸车顶定形件　　　　　图3-11　安装车顶定形件

第二节　车内装饰件更换与调整

一　车顶内衬的拆装与更换

（1）拆卸车顶控制台

1）首先拆下透镜，然后拆下螺钉，并拉出前独立阅读灯。

2）断开前独立阅读灯插头。然后断开天窗开关插头。

3）拆下螺钉，将控制台前部拉出，并松开后卡钩以拆下车顶控制台，如图3-12所示。

（2）拆卸遮阳板

图3-12　拆卸车顶控制台

将缠有保护胶带的一字旋具插入托架罩前侧的孔中推动卡钩，然后确保卡钩解锁，最后拆下遮阳板，如图3-13所示。

（3）拆卸支柱装饰件与拉手

1）用手拆下支柱装饰件。

2）放低拉手，然后使用小型一字旋具在槽口处撬动，将拉手罩拉出，最后拆下螺钉，将拉手取下，如图3-14所示。

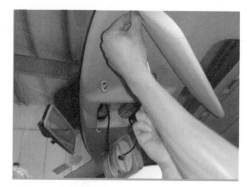

图3-13　拆卸遮阳板　　　　　　　图3-14　拆卸支柱装饰件与拉手

（4）拆卸车顶内衬

从车顶控制台框口处断开天窗副线束插头，并脱开线束卡夹，缓慢地放低车顶内衬（图3-15），然后搬出车外。

（5）准备安装新车顶内衬

如图3-16所示，将新车顶内衬放置车内，然后调整好安装位置。

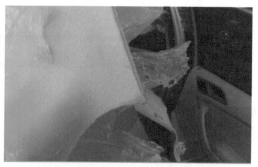

图3-15　拆卸车顶内衬　　　　　　图3-16　调整新车顶内衬位置

（6）安装新车顶内衬

如图3-17所示，按照与拆卸相反的顺序安装新车顶内衬，确保车顶内衬装饰件紧密相连。

注意：安装车顶内衬时，小心不要将其折叠或弯曲。此外，还要小心不要刮伤车身。

（7）安装各种装饰件

如图3-18所示，按照相反的顺序重新安装拆卸下来的装饰件，然后安装拉手、遮阳板、车顶控制台等。安装完成后要重新对天窗功能进行匹配。

图 3-17 安装新车顶内衬

图 3-18 安装各种装饰件

二 地毯的更换

（1）拆卸座椅及装饰件

1）如图 3-19 所示，首先将前、后排座椅拆下，搬出车外。

2）拆卸车门框口密封件以及立柱下装饰件，以便于拆除地毯。

（2）拆除旧地毯

1）从两个后加热器导管卡钩处松开地毯，然后拆下卡夹。

2）脱开将地毯紧固至两侧车门门槛区域的卡夹。

3）从仪表板下向外拉动地毯，然后穿过地毯孔向外拉出座椅线束，最后拆下地毯，如图 3-20 所示。

（3）旧地毯

如图 3-21 所示。

（4）新地毯

如图 3-22 所示。

（5）安装地毯

如图 3-23 所示，按照与拆卸相反的顺序安装地毯，并注意以下事项：

1）小心不要损坏、褶皱或扭曲地毯。

2）确保座椅线束布线正确。

3）滑动地毯孔至后加热器导管上。

4）如果紧固地毯至地板的卡夹损坏或因重压受损，则更换新的卡夹。

5）更换两侧车门门槛区域的卡夹，以便更好地

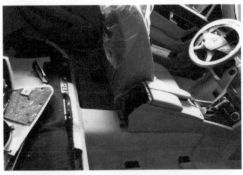

图 3-19 拆卸座椅及装饰件

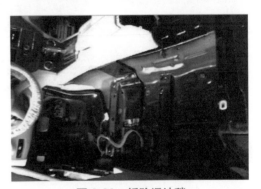

图 3-20 拆除旧地毯

图 3-21 旧地毯

紧固地毯。

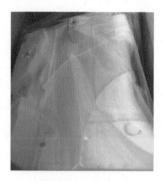

图 3-22　新地毯

图 3-23　安装地毯

（6）安装座椅

按照与拆卸相反的顺序安装座椅及其他部件（图 3-24），最后应对电动座椅功能进行匹配。

图 3-24　安装座椅

三　仪表台的拆卸与安装

以奥迪 A6L2.0T 的仪表台为例，说明仪表台的拆装过程。

（1）拆卸仪表台内部储物盒

1）拆下仪表台储物盒底板。

2）拆下螺钉，然后使用适当的修整工具撬动卡钩以打开盖子。

3）在上卡钩处向上转动内箱盖以脱开下卡钩，然后将仪表台储物盒拆下，如图 3-25 所示。

4）拆开侧边熔断器 / 继电器盒。

（2）拆除驾驶人侧相关部件

1）松动转向盘倾斜 / 伸缩锁杆，并向上调节转向柱。保持锁杆处于松弛状态。

2）拆下螺钉，拉出底部下护板，然后拆下驾驶人侧仪表板下盖及其他装饰件，如图 3-26 所示。

图 3-25　拆卸仪表台内部储物盒

图 3-26　拆除驾驶人侧相关部件

（3）拆卸中央扶手盒

1）向上拉起变速杆中间装饰件，以便脱开卡夹并松开卡钩，然后拆下装饰件。

2）松开中央扶手盒侧边肋条，然后拆下中央扶手盒，如图 3-27 所示。

（4）拆除中央控制面板相关部件

用手拉出中央控制面板以便脱开卡夹，并断开危险警告灯开关、出风口开关等插头，然后拆下中央控制面板，如图 3-28 所示。

图 3-27　拆卸中央扶手盒

图 3-28　拆除中央控制面板相关部件

（5）拆除仪表板

首先，拆下仪表板上的开关。然后，拆下仪表板的紧固螺栓即可拆下仪表板，如图 3-29 所示。

（6）拆卸 DVD 导航系统

拆卸仪表台中央的 DVD 导航系统，如图 3-30 所示。

图 3-29　拆除仪表板

图 3-30　拆卸 DVD 导航系统

（7）抬下仪表台

拆下仪表台左右两边及底部紧固螺栓，小心地从车内抬下仪表台总成，如图 3-31 所示。

（8）安装仪表台

按照与拆卸相反的顺序安装仪表台，并注意以下事项：

1）确保各插头正确插入。

2）如果卡夹损坏或因重压受损，则更换新的卡夹。

3）推动卡夹与卡钩使其紧固就位。

4）确保驾驶人侧面板和乘客侧面板的肋条与仪表台储物盒紧固连接。

5）紧固仪表台螺栓到规定力矩。

6）安装完成后，必须清除误设的故障码。

图 3-31　抬下仪表台

四　天窗内相关部件的拆装与更换

（1）天窗挡风板的更换

1）拆卸挡风板连接件。完全打开天窗玻璃，然后用旋具撬开挡风板两边的连接件，如图 3-32 所示。

2）拆下挡风板。小心地拆下挡风板，如图 3-33 所示。

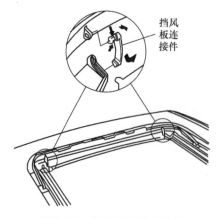

图 3-32　拆卸挡风板连接件

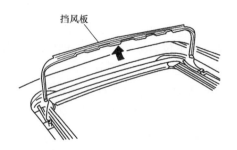

图 3-33　拆下挡风板

3）拆卸挡风板基座。撬起挡风板基座并松开卡钩，然后拆下挡风板基座及两侧的弹簧，如图 3-34 所示。

4）安装挡风板。按照与拆卸相反的顺序安装挡风板，并注意以下事项：

① 确保挡风板安装位置正确。

② 安装完成后必须重新设置天窗控制系统。

（2）天窗排水槽的更换

1）拆卸排水槽连杆。拆下天窗玻璃，然后使用天窗开关，将两个天窗玻璃托架移动到遮阳板正常向上倾斜的位置，最后断开两侧的排水槽连杆，如图3-35所示。

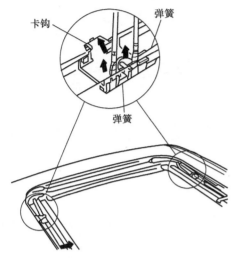

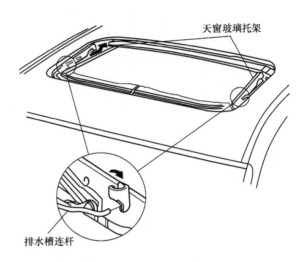

图 3-34　拆卸挡风板基座　　　　　　　　　　图 3-35　拆卸排水槽连杆

2）拆卸排水槽。向前滑动排水槽，推动两卡夹的同时，向后拉动排水槽后缘，即可从排水槽滑块的两个卡钩上拆下排水槽，如图3-36所示。

3）安装排水槽。按照与拆卸相反的顺序安装排水槽，并注意以下事项：

① 推动卡夹，使其牢固到位。

② 检查天窗玻璃位置的调节位置，必须调节正确。

③ 使用无喷嘴的软管浇水来检查天窗玻璃是否漏水，禁止使用高压水进行检漏。

（3）天窗遮阳板的更换

1）拆卸遮阳板滑块垫片。首先，拆下天窗玻璃和排水槽。然后，滑动天窗遮阳板直到可以看见两个天窗遮阳板滑块垫片。最后，分别拆下两边的4颗螺钉，即可拆下两个天窗遮阳板滑块垫片，如图3-37所示。

2）拆卸天窗遮阳板。首先，升起天窗遮阳板前部。同时，向前移动天窗遮阳板，直到看见天窗遮阳板后卡钩。然后，拆下4颗螺钉即可拆下两个卡钩。最后，拆下天窗遮阳板，如图3-38所示。

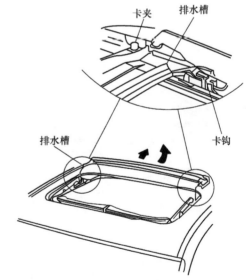

图 3-36　拆卸排水槽

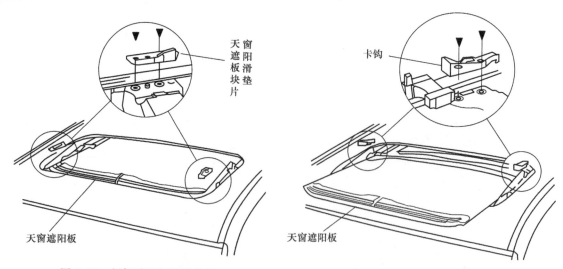

图3-37 拆卸遮阳板滑块垫片	图3-38 拆卸天窗遮阳板

3）拆卸天窗遮阳板支座滑块。拆下两个前天窗遮阳板支座滑块与两个后天窗遮阳板支座滑块，如图3-39所示。

4）安装天窗遮阳板。按照与拆卸相反的顺序安装天窗遮阳板，并注意以下事项：

① 推动卡夹，使其牢固到位。

② 检查天窗玻璃位置的调节位置要正确。

③ 使用无喷嘴的软管浇水来检查天窗玻璃是否漏水，禁止使用高压水进行检漏。

（4）天窗框架和排水管的更换

1）拆开排水导管。首先，拆下天窗玻璃和车顶内衬，然后断开排水导管，如图3-40所示。

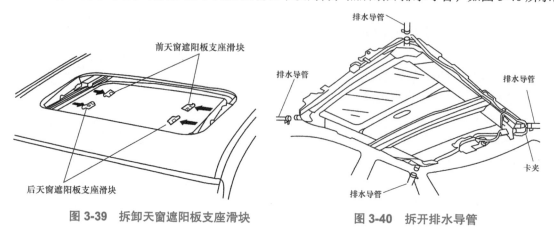

图3-39 拆卸天窗遮阳板支座滑块	图3-40 拆开排水导管

2）拆卸天窗框架：

① 由一名技师固定住天窗框架，另一名技师从后部开始拆下10颗螺栓，并向前移动天窗框架，最后松开后卡钩。

② 在助手的帮助下，小心通过前车门框口将天窗框架拆出，如图3-41所示。小心不要刮伤车内装饰件和车身，或撕裂座椅罩。

3）拆卸前排水管

① 首先拆开门柱装饰板。

② 脱开紧固前排水管的卡夹，然后从导管卡夹上拆下排水管，如图 3-42 所示。

③ 从车身上拆下前排水阀。

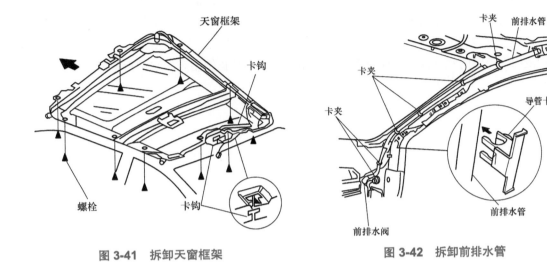

图 3-41　拆卸天窗框架

图 3-42　拆卸前排水管

4）拆卸后排水管：

① 首先拆下行李舱内衬。

② 从管道卡夹上拆下后排水管，如图 3-43 所示。从车身上拆下后排水阀，并使用细绳系住排水管顶端，然后将排水管从后支柱拉出。将细绳保留在支柱内，以便在重新安装排水管时再次使用。

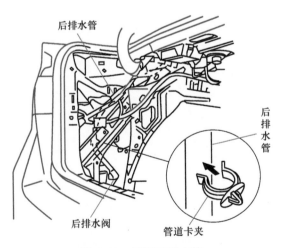

图 3-43　拆卸后排水管

5）安装天窗框架和排水管。按照与拆卸相反的顺序安装天窗框架，并注意以下事项：

① 安装天窗框架之前，使用压缩空气清洁排水管和排水阀。

② 安装时，将新排水导管前端系上支柱内保留的绳子，然后向上拉入车顶。

③ 检查天窗框架密封条。

④ 清洁天窗框架表面。

⑤ 安装天窗框架时，先将后卡钩固定在车身定位孔内。

⑥ 确认各种插头插接适当。

⑦ 连接排水管时，要将排水管滑过天窗框架喷口孔至少 10mm。

⑧ 推动卡夹，使其牢固到位。

⑨ 检查天窗玻璃位置的调节位置要正确。

⑩ 使用无喷嘴的软管浇水来检查天窗玻璃是否漏水，禁止使用高压水进行检漏。

第四章

汽车钣金修复工艺与步骤

第一节 汽车钣金修复工艺

一 车身钣金件修复工艺

车身钣金件修复工艺包括手工校正修复工艺、机械校正修复工艺、火焰校正修复工艺三种。

（1）手工校正修复工艺

手工校正是指用锤子等工具对车身钣金件进行人工校正。下面讲解针对车身钣金件的各种变形进行手工校正的方法。

1）校正钣金件凸鼓面：

① 将钣金件凸面向上放在工作台上，左手按住钣金件，右手握锤，如图4-1所示。

② 敲击应由钣金件四周边缘开始，逐渐向凸鼓面中心靠拢。

③ 钣金件基本校正后，再用木锤子进行一次调整性敲击，以使整个组织舒展均匀。

2）校正钣金件边缘翘曲：

① 将边缘呈波浪形的钣金件放在工作台上，左手按住钣金件，右手握锤子，如图4-2所示。

② 敲击由钣金件中间开始，逐渐向四周扩散。

③ 钣金件基本校正后，再用木锤进行一次调整性敲击，以使整个组织舒展均匀。

图4-1 手工校正凸鼓面

图4-2 手工校正边缘翘曲

3）校正钣金件对角翘曲：

① 将翘曲钣金件放在工作台上，左手按住钣金件，右手握锤子。

② 如图4-3所示，先沿着没有翘曲的对角线开始敲击，依次向两侧伸展，使其延伸而校正。

③ 钣金件基本校正后，再用木锤进行一次调整性敲击，以使整个组织舒展均匀。

4）钣金件凸起部分校正。如图4-4所示，用拍板在钣金件上拍打，使钣金件凸起部分受压变短，同时张紧部分受压伸长，从而达到校正的目的。

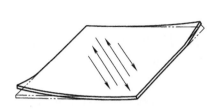

图4-3 手工校正对角翘曲

图4-4 手工校正凸起部分

5）校正钣金件曲面凸鼓变形。如图4-5所示，使锤子与顶铁中心对正，然后左手拿起顶铁，右手拿锤子进行敲击修整。握锤子的手不宜过于紧，以手腕的力量敲击。敲击速度大约100次／min左右为宜。

6）校正钣金件曲面凹陷变形。如图4-6所示顶铁应放在稍偏于锤击之处，锤击点为凸凹不平表面的较高部位。这样可使钣金件在顶铁与锤击点中间处受到作用力。

图4-5 手工校正曲面凸鼓变形

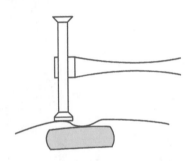

图4-6 手工校正曲面凹陷变形

7）校正钣金件大凹面变形。首先，可用喷灯将凹面中间部位加热至粉红色的炽热状态。然后，在中间部位下侧以顶铁顶起，从而使原来凹陷得到初步复位。如图4-7所示，再用锤子和顶铁相互配合将四周变高的部分逐渐敲平，从而达到校正的目的。

8）校正钣金件大曲率表面变形。修整如翼子板、挡泥板等表面曲率较大的部位（高凸面）时，可先用喷灯加热，然后用顶铁顶起，最后锤击敲平（图4-8），从而达到校正的目的。

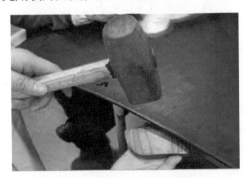

图4-7 手工校正大凹面变形

图4-8 手工校正大曲率表面变形

9）校正钣金件小凹变形：

① 用鹤嘴锤的尖头把凹陷处从里往外锤平。

② 用撬棍伸进狭窄的空间，把凹陷撬平。此法一般用来撬平车门、翼子板和其他封闭式车身板的凹陷。

③ 用凹陷拉拔器将凹陷拉平。主要用于封闭型车身板修复以及修复从后面无法接近的皱褶。

④ 如图4-9所示，用喷灯加热，然后敲打和拉拔使凸起部降低、凹陷部上升。

10）校正钣金件角钢扭曲：

① 如图4-10所示，将角钢夹持在台虎钳上，用呆扳手或活扳手夹持住另一端，用力向角钢扭转的反方向扭转。

② 待扭转变形基本消除后，再用锤击法将其校正。锤击时，将角钢斜置于平面上，平整部分在平面内，而扭转翘曲的部分伸出在平面外，用锤子敲击稍离平台边外向上翘起的部分，其敲击点离开平台的距离约为板厚的2倍，边敲击边将角钢向平台里移进。然后翻转180°，再进行同样的敲击，直至校正好为止。

图4-9 手工校正小凹变形

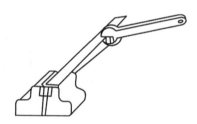

图4-10 手工校正角钢扭曲

11）校正钣金件条形钢扭曲：

① 如图4-11所示，将条形钢夹持在台虎钳上，用呆扳手或活扳手夹持住另一端，用力向条形钢扭转的反方向扭转。

② 待扭转变形基本消除后，再用锤击法将其校正。锤击时，将条形钢斜置于平面上，平整部分在平面内，而扭转翘曲的部分伸出在平面外，用锤子敲击直至校正为止。

（2）火焰校正修复工艺

火焰校正就是对变形的汽车钣金件采用火焰局部加热的方法进行校正。火焰校正利用钣金件具有热胀冷缩的特性，来达到校正变形的目的。

1）加热位置、火焰能率与校正的关系。火焰校正的效果主要取决于加热的位置和火焰的能率。不同的加热位置可以校正不同方向的变形。若位置选择错误，不但起不到校正的作用，反而会使变形更加复杂、严重。

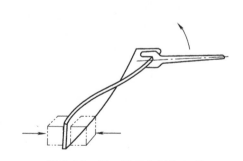

图4-11 手工校正条形钢扭曲

2）加热方式。加热方式分为点状加热、线状加热及三角形加热，其中点状加热区域为一定直径范围的圆圈状点；线状加热区域为线状；三角形加热区域呈三角形。

3）火焰校正中部凸鼓钣金件操作方法

① 将钣金件置于工作台上，用卡子将钣金件四周压紧。

② 用点状加热方式加热凸鼓处周围，如图所示 4-12 所示。也可采用线状加热方式，即从中间凸鼓部分的两侧开始加热，然后逐步向凸鼓处围拢的方式进行矫平。

③ 矫平后再用锤子沿水平方向轻击卡子，便能松开卡子取出钣金件。

4）火焰校正钣金结构件操作方法

① 用卡子将钣金结构件固定，或在固定的状态下进行操作。

② 如图 4-13 所示，用加热方式先从凸起两侧平的地方开始加热，再向凸起处围拢。

③ 最后，用锤子沿水平方向敲击结构件，使其恢复原形。

图 4-12　火焰校正中部凸鼓钣金件操作

图 4-13　火焰校正钣金结构件操作

二　车身结构件的修复方法

车身结构件是指在车身上起到主要支撑及承载作用的构件，是车身零部件的安装基础，常见于纵梁、横梁、门柱及下边梁等部位。这类构件通常具有非常高的强度，结构多为封闭式的箱形截面。当其受到外力作用发生变形时，将直接影响到车辆的使用性能。车身结构件的修复就是通过一定的外力，将因事故损坏或疲劳损坏的部位恢复到车辆出厂时技术标准的过程。

（1）结构件就位修复方法

就位修复方法就是借助校正工具对车身进行校正。就位修复方法在牵拉时可有效地将周围一些变形部位顺便"带"出，同时也会由于少拆装构件而节省大量的作业时间。

1）车架与大梁就位修复。车架在受到撞击产生侧向弯曲时，可将一根有足够强度的工字钢（轨道钢）放在车辆的一侧，使用马凳或木块将其垫到与车架水平，使用链条将工字钢与车架的前后部位固定，对弯曲部位采用液压千斤顶施加推力的方法进行校正，如图 4-14 所示。这种弯曲绝大多数情况下会从车架的某个横梁部位出现，造成两侧梁同时变形。一旦在大梁的两侧都出现弯曲而中间没有横梁时，应使用分离式液压千斤顶将两侧的弯曲部位支撑到原来的宽度，这样在施加推力时它可作为横梁，有利于将力传递到另一侧，便于将两侧同步修复。

图4-14 车架与大梁就位修复方法

2）车室结构件就位修复。对于车室结构件也可以采用就位修复，校正时直接将工字钢放在车室结构件的对角线（图4-15），并采用相同的修复方法即可。但在校正时，应尽可能使工字钢与车架接近，以便获得稳定的校正力，使用链条与车架固定时也应配合合适的木块或铁块，以防止产生新的变形。

（2）结构件拉伸部位的选择与固定方法

1）结构件拉伸部位的选择。结构件拉伸部位的选择，往往并不是直接在撞击部位拉

图4-15 车室结构件就位修复方法

伸，应该选择一些有足够强度，甚至没有明显损伤痕迹的位置。特别是应正确选择拉伸点，如在对损伤的纵梁向前牵拉时，一定要用夹钳或焊接临时钢筋固定弯曲的一侧，而不是随意夹持或焊接其他侧面，如图4-16所示。对一些有足够强度的部位拉伸，个别情况下还要先对拉伸部位采取一定的措施，如使用夹钳固定时，先使用二氧化碳气体保护焊将拉伸部位焊上几点焊点，这样可确保夹钳夹持牢固，防止脱落。

图4-16 结构件拉伸部位的选择方法

2）结构件拉伸部位的固定方法（图4-17）。结构件拉伸部位固定时，应注意观察内部的加

强板是否与外层钢板连接在一起，如果连接在一起即可直接拉伸。如果没有连接或连接的焊点

很少，应该采用打孔塞焊的方法将两者连接。或者是在焊接临时钢片（钢筋）前，使用磨光机小心地将拟焊接部位的外层以点或线的方式磨穿，直至漏出内层加强板，以便于焊接时将临时焊接钢片（钢筋）与内层牢固连接。修复完后，将该部位的内外层使用填焊的方式连接在一起即可。

（3）结构件修复操作方法

力的大小、方向和作用点合称为力的三要素。物体在受到撞击力后，从理论上来说，只要拉住变形部位（作用点），按照与撞击相反的方向施加与撞击力相等的拉力即可。而在实

图 4-17 结构件拉伸部位的固定方法

际的校正作业中，只按照这种原则很难将变形部位修复到位。对力的方向和作用点在此暂且不提，单就力的大小而言，实际的拉伸力可能要远远大于撞击力。在日常工作中我们经常会遇到很多结构件"拉不动"的现象，哪怕是采取了多点固定与多点拉伸，或是遵循了先进后出、从里到外、先强后弱等原则，也达不到理想的效果。所以，对于此类问题，很多情况下应根据损伤部位的实际情况，采取加热法和冷操作法两类方法。

1）加热操作法。如图 4-18 所示，在对无法完全拉伸到位的部件，通常采取加热法。加热时不仅要根据钣金件的强度确定加热部位、加热时间及加热温度，还要在加热消除应力时注意火焰类型，应采取中性焰或轻微的碳化焰，严格禁止使用氧化焰，主要是避免造成部件过分氧化的现象。

另外，不能用水或压缩空气冷却加热区域，必须让它自然冷却。否则，金属将会变硬，甚至变脆，从而影响车辆的安全性。采用加热法时往往会产生一定程度的氧化，或一定量的氧化皮，也会有脱碳现象，严重影响到金属表面的光泽度和疲劳寿命。所以，一般情况下并不建议使用加热法。

2）冷操作法。冷操作法就是使用木块和锤子消除内应力的一种修复

图 4-18 先加热后校正作加热钣金件

方法，如图 4-19 所示。当在损伤部位出现比较深的折弯变形时，通常需要触及损伤部位的内侧。可结构件的形式为此带来了一定的难题，必须要采取一定的措施和手段。如对于封闭截面构件的修复，可在拉伸的同时，将合适的撬棒从构件的端部开口位置插入构件内，通过与锤子的配

合对变形区域进行修整。对于难以触及的部位，可以采取开出"小窗"的方式对损伤部位进行校正。如在进行后部纵梁拉伸时，可将损伤位置的底板使用气动锯开出 U 形口，揭开后便于将工具伸入修整，修复后将钢板按照原有位置使用二氧化碳气体保护焊焊上即可。对于不是太严重的前部纵梁损伤，可使用专用钻头在弯曲的纵梁外侧位置钻出一直径约为 15~20mm 的孔，这样在拉伸的同时伸进工具对折弯部位进行修整，以便于消除应力。

图 4-19　冷操作法拉拔

学习提示：对于修复后留下的孔，可将钻下来的钢板焊接到原有位置，使用合适的橡胶密封垫安装在孔上。同时要注意，在打孔时，应尽量远离应力区，而且孔的直径不宜过大。在拉伸时，应采用过渡拉伸，或在拉伸到一定程度后保持一段时间，以便有足够的时间让应力充分释放。

三　汽车车身修复测量工艺

（1）认识汽车车身尺寸

车辆在碰撞、刮擦事故中，车身构件或覆盖件发生局部变形，可以通过直观观察做出损伤鉴定。当车身出现严重变形时，则必须进行准确测量，才能制订出合理的修理工艺。车身测量之前必须认识汽车车身尺寸。

各汽车公司的汽车都有汽车车身尺寸数据，有些车身测量维修设备公司也通过测量来获得数据。不同公司提供的车身尺寸图在形式上可能有所不同，但是基本的数据信息是相同的，一般都注明了车身上特定的测量点，而且都要反映车身上测量点的长、宽、高的三维数据，以此为基准对车身的定位尺寸进行测量，可以准确地评估变形及其损伤的程度。下面以丰田为例说明汽车车身尺寸数据，如图 4-20 所示。

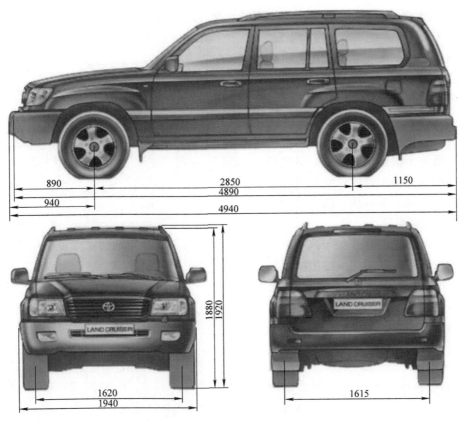

图 4-20 汽车车身尺寸数据

（2）汽车车身尺寸测量方法

车身尺寸测量的方法主要有测距法、定中法、坐标法 3 种。

1）测距法。测距法可以直接获得定向位置点与点的距离，是最简单、实用的一种测量方法。它主要通过测距来体现车身构件之间的位置状态。测距法主要工具是钢卷尺、轨道式量规、中心量规。

① 钢卷尺测量。用钢卷尺可以测量两个测量点之间的距离，当测量孔的中心距时可从孔的中心或边缘起测量，如图 4-21 所示。

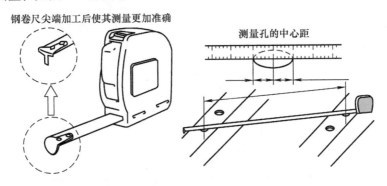

图 4-21 钢卷尺使用方法

② 轨道式量规测量。对于一些发生变形的车架，可以用轨道式量规测量，如图 4-22 所示。将车架置于平台上，并按一定的高度支稳，用轨道式量规逐一测量各基准点的相关参数。使用轨道式量规测量时，必须按车身标准数据测量损伤车辆上所有点。

③ 中心量规测量。如图 4-23 所示，中心量规上有两个由里向外滑动时总保持平行的横臂，每一个横臂相对于中心量规所附着的车身结构都是平行的，测量时将其安装在汽车最前端、最后端、前轮的后部和后轮的前部即可测量。

2）定中法。当车身或车架与汽车纵轴线的对称度发生变化时，就很难用测距法对变形做出准确判断，只能用定中法测量车身上的综合性变形。如前围板区域和后车门区域发生变化时，将定中规放在控制点上，测量车身的尺寸，即可判断车身或车架的变形程度。

① 定中规悬架点调整。如图 4-24 所示，使用定中法进行测量时，首先要有针对性地做好对称性调整。否则，也会影响测量的准确性。

② 车架变形判断方法。如图 4-25 所示，将定中规挂于车架的基准孔上，然后通过检查定中销是否处于同一条轴线上；通过看定中规的尺面是否相互平行等，来判断车架是否有弯曲、翘曲或扭曲变形。

图 4-22　轨道式量规使用方法

图 4-23　中心量规使用方法

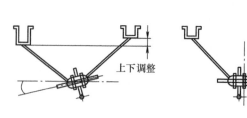

图 4-24　定中法调整

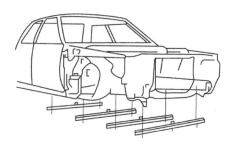

图 4-25　车架变形判断

③ 车身变形判断方法。如图 4-26 所示，将定中规挂于车身壳体骨架的基准孔上，然后通过检查定中销、垂链及平行尺是否平行，以及定中销是否处于同一条轴线上，即可对车身做出相应的判断。

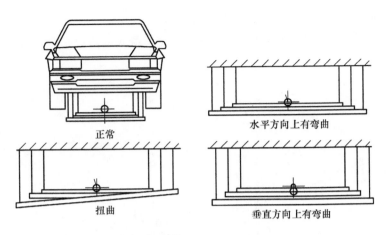

正常

水平方向上有弯曲

扭曲

垂直方向上有弯曲

图 4-26 车身变形判断方法

3）坐标法。坐标法的测量就是利用车身构件的对称性原则，用测量架采集被测点上 X、Y、Z 三个方向的数据。通过用一组平行于 XZ 平面的平行平面截取被测件型面，交线即为所在面的曲线。同理，也可用平行于 YZ 平面的一组平行面测得等距间隔的 X 向各截面曲线。将两组测得的曲线组合，即可获得该构件曲面型线的坐标参数，圆滑连接便可形成该构件表面型线的实样测绘图。通过对测量结果对比、分析，车身构件的外观形态就可大致体现出来。坐标法主要有机械式通用测量系统和电子式测量系统。

① 机械式通用测量系统（图 4-27）。首先根据车身中心线，保证机械式通用测量系统导轨中心线与车身中心线完全重合。然后，根据车身尺寸图，选取车身对称位置的基准点，移动测量杆、测量针，当一侧测量杆上的测量针轻轻接触到车身表面即可读取测量结果。最后，按照相同方法再测量另外一侧对应位置的尺寸数据。其具体的测量方法如下。

图 4-27 机械式通用测量系统

◆车身的固定

a. 将平台降下，然后将车辆驶入或拖至平台并停靠在平台指定位置，如图 4-28 所示。

注意：操作时必须遵守操作规程，避免车辆侧翻。

b.调整四个主夹具的位置和钳口的开合程度，使车身底部裙边完全落入主夹具的钳口中，如图4-29所示。

图4-28 车辆驶入平台

图4-29 安装主夹具

◆调整车身高度

a.把横尺放入车身底部，在测量桥上（或测量架上）安装好横尺，按图样要求选择合适的测量头，将测量头安装到横尺上，选择车身中部四个测量基准点来安装基准点测量尺，如图4-30所示。

b.如果车辆的高度基准不一致，则通过调整车身高度位置使其达到测量系统要求的高度数值。

◆调整车身横向位置

a.测量车身中部前后基准点的宽度尺寸。移动横尺，使测量系统的中心线与车辆的中心线重合（图4-31），即前后两边基准点的宽度尺寸相等。

b.如果车辆的宽度基准不一致，则通过调整车身横向位置使其达到测量系统要求的宽度数值。

◆调整车身纵向位置

根据车辆的损伤程度，选择纵向的基准点位置（图4-32），具体内容如下：

a.若汽车前部发生碰撞，则选

图4-30 安装基准点测量尺

基准点
A锥
标尺
标尺筒
横尺

图4-31 测量基准点的宽度尺寸

基准点

择后面的基准点作为纵向基准。

b. 若汽车发生后部碰撞，则选择前面的基准点作为纵向基准。

c. 如果车身中部发生碰撞，则要对车身中部进行整修，直到车身中部四个基准点中，有三个基准点的尺寸被恢复，然后按前后损伤情况选择前面或后面的基准点作为纵向基准点。如果车身上的基准点位置数值超出标准数值 ±3mm，就必须先对基准点进行校正。

图 4-32　选择纵向的基准点位置

◆测量车身底部数据

a. 根据车辆的损坏情况，在车身上找到要测量的点，同时找到图样上对应点的标准数据。

b. 根据数据图的提示，选择正确的测量杆和测量头，安装在横尺上，把测量头插入测量孔中。

注意：测量头选择必须正确，否则测量的高度数据是错误的。

c. 从纵向尺上读出长度数据，从横尺上读出宽度数据，从测量杆上读出高度数据（图 4-33），与标准数据对比，即可得到测量点实际数据与标准值的偏差。

◆测量车身上部数据

a. 根据图样的要求，设置好立尺的高度基准。调整上横尺的高度基准，把上横尺安装到两个立尺上，把刚性量规安装在上横尺上。

b. 在刚性量规上安装标尺座，选择合适的标尺寸筒、标尺柱和测量头并安装在标尺座上，即可对上部发动机舱或行李舱的尺寸进行测量（图 4-34）。

图 4-33　高度数据的读取

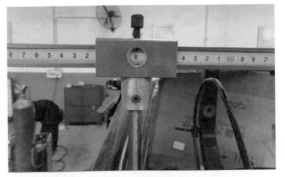

图 4-34　测量行李舱的尺寸

◆拉伸操作中的测量

a. 在拉伸操作中测量时，可以把测量头定在标准的长度、宽度和高度尺寸后拉伸部件，直到要测量的点的尺寸达到标准值，如图 4-35 所示。

b. 用测量头可同时测量几组要拉伸的数据，以确保修复后数据的准确性。

② 电子式测量系统测量。超声波测量系统由超声波发射器、超声波接收器、控制柜（包括主机）及各种测量头等组成，如图 4-36 所示。发射器、测量头及测量头转接器等安装在车身某一构件的测量孔上，接收器安装在测量横梁上，发射器发送超声波，由于超声波是以等速传播的，接收器可快速精确地测量超声波在车辆不同基准点之间传播时间，计算机根据每个接收器的接收情况自动计算出每个测量点的三维数据，具体的方法如下：

图 4-35　进行拉伸操作中的测量

图 4-36　超声波测量系统

a. 将车辆安全举升。

b. 如图 4-37 所示，进入系统界面，选择语言种类。

c. 记录用户信息。包括车辆和车主信息，这些信息可以和后面测量的结果一起储存，以方便以后查询。

d. 选择车型。根据事故车的类型选择汽车生产公司、品牌、生产年代，从数据库内调出符合要求的车型数据图，如图 4-38 所示。

图 4-37　进入系统界面

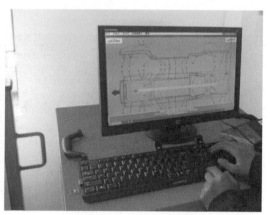

图 4-38　调出车型数据图

e. 选择测量基准。若汽车前部发生碰撞，则选择后面的基准点作为长度基准；若汽车发生后部碰撞，则选择前面的基准点作为长度基准；如果车身中部发生碰撞，则要对车身中部进行整修，直到车身中部四个基准点有三个点的尺寸被恢复。

f. 如图 4-39 所示，测量点安装超声波发射器。根据车身的损伤情况选择车身测量点，并按照计算机的提示选择合适的安装头，把超声波发射器通过合适的安装头连接到车身上，把超声波发射器的连接线接到选定的接口上。

g. 选择测量模式。模式选定后，计算机根据需要能自动把测量的实际数值、标准数值和两者差值显示出来。

h. 拉伸校正中的测量。在校正过程中，一次最多可同时监控12个测量控制点，钣金维修技师可以直接看到车身尺寸的变化情况。系统每隔1~2s会自动重新测量一次，把环境对它的影响减少到最小。

注意：此系统在操作过程中不用调整，计算机会自动调整，而且不会因为发射器、接收器的位置移动而改变数据。可以实现车辆碰撞修理前预检、测量、定损，修理中的测量监控，修复后的数据存储和打印等功能。

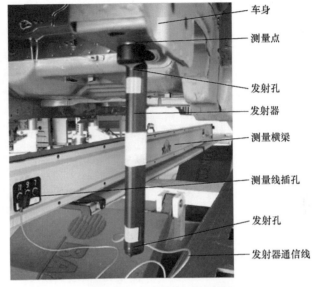

车身
测量点
发射孔
发射器
测量横梁
测量线插孔
发射孔
发射器通信线

图4-39 安装超声波发射器

（3）汽车车身尺寸测量技巧

1）车身前段尺寸测量技巧。如图4-40所示，测量车身前段（即发动机舱尺寸）时，首先要根据车身前段尺寸图确定发动机舱的位置尺寸，然后将测量数据与相应车身标准值进行比较，最后确定误差。

2）车身侧围尺寸测量技巧。如图4-41所示，根据车身侧围尺寸图，选取车身侧围基准点，使用钢卷尺和杆规进行测量，读取并记录测量数据。然后，将测量数据与相应车身标准值进行比较，最后确定误差。

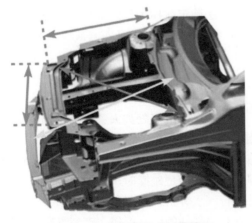

图4-40 车身前段尺寸测量技巧

图4-41 车身侧围尺寸测量技巧

3）车身后段尺寸测量技巧。首先，通过观察行李舱盖在打开和关闭时的外观及不正常现象，即可初步判断车身后段是否变形。然后，根据车身后段尺寸图，选取行李舱基准点，使用钢卷尺和杆规进行测量，读取并记录测量数据，如图4-42所示。然后，将测量数据与相应车身标准值进行比较。最后，确定误差。

图 4-42 车身后段尺寸测量技巧

第二节 汽车碰撞修复步骤

损伤诊断

（1）确定碰撞损坏程度

如图4-43所示，目测碰撞的位置，确定碰撞方向及碰撞力大小，并检查可能存在的损坏。对于事故中损坏的车辆，应询问事故发生时汽车的速度和撞车或翻车的部位、方向及角度，了解被撞汽车的撞击形式、位置和角度等情况，以直观的方法确定碰撞损伤的部位和可能波及的区域。对于大型事故车，应结合试车和测量仪器对汽车进行全面检查，确认车身底板是否变形，车身是否受到整体损伤和整体扭斜，检查和确认车门开启是否自如等，最终确定汽车的损坏程度和修理方式。

（2）确定所有受损部位

车辆受到撞击后不仅是撞击部位可能变形损坏，其整个车身的多处如大梁、悬架和发动机等部件也可能产生变形。有时，有些车辆前面受到撞击，经检测发现后部也发生了变形。

遇到这种情况，如果在钣金维修中只是简单地修复被撞击部位，那么必定会对车辆的行驶带来隐患。因此，在车辆受损之后需要观察车身受损状况，弄清楚碰撞时车身如何受力，力是如何沿着车体传递的，对损伤部位和相关区域的部件进行深入分析，进行科学诊断，才能确定所有受损部位。检测过程中需要沿着碰撞路线系统检查相关部件的所有损伤，直到没有任何损伤痕迹，以及周边区域的损坏均找出为止，如图 4-44 所示。

图 4-43　检查碰撞损坏程度

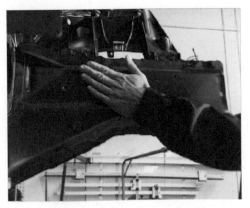

图 4-44　检查确定受损部位

（3）利用设备工具对受损部位进行测量

在事故车变形检测的过程中，只有经验丰富的钣金技师才可以根据事故的大小，撞击的部位，准确分析车辆损伤程度，而利用现代化的精密测量设备对车辆进行全面严格地检测，其检测结果要与底盘车身数据图进行对比，从而为确定合理的修复方案做准备。如从车身大梁定位参数方面来讲，各种车型的数据参数是整个修复工作的依据，测量、定位、拉伸和检测都是在数据参数的基础上开展的，没有车身大梁定位参数，就无法做好修复工作。所以，准确测量是顺利完成各种碰撞修复所必备的程序之一。

测量工作需要与拆卸工作结合起来进行，否则便无法准确鉴定全部损伤情况。为便于车身的维修操作和彻底检验损伤，同时避免维修操作时对被拆卸件造成不必要的损伤，要对有关部件进行拆卸。

1）拆卸的原则是尽量避免零件的损伤和毁坏，连接件的拆卸方法除用扳手外，还可以根据实际情况采用电钻、锯、錾和气割工具等。

2）拆检后的测量是"损伤诊断"和"修复"的必要前提，详细的损伤情况可用车身尺寸图相对车身上具体点的测量估测出来。车身尺寸图中的数值是以对角线测量法为基础得出的。测量点和测量公差要通过对损伤区域的检查来确定。测量时钣金技师必须注意：

①准确地进行测量（图 4-45）。

②多次测量。

③重新核实所有的测量结果。

（4）了解汽车车身材料、结构和车架焊接工艺（图 4-46）

要选择合适的钣金维修方式，必须了解车身制造材料和车架焊接工艺。现代汽车与传统汽车在车身制造材料、车架焊接工艺上的差别，导致维修方式发生了变化。如传统的车架式车身主要由低碳钢或中碳钢制成，在进行焊接和切割时，应使用气动车身锯，如果使用传统的氧 - 乙炔切割则会对车身造成较大的破坏。现代整体式车身构架通常是用高强度钢或合金材料（如铝合金）制成，在结构零件修理中需使用 CO_2 保护焊、惰性气体保护焊或点焊机进行焊接。另外，钢板厚度的变化以及车身材料合金成分的不同，在焊接方式和相关技术参数的选取上也会有所不同，这就需要熟悉车身材料以便合理维修。

在汽车发生碰撞损坏后，必须采用全方位拉伸的方法进行校正，尽量不采用加热的方式，以防止金属内部结构发生改变，导致强度降低，使汽车再次碰撞时不能有效保护乘客。

图 4-45　测量数据

图 4-46　了解车身材料、结构和焊接工艺

从车架焊接工艺方面来讲，车身修复一般采用熔焊、压力焊和粘接等方式，而过去在车身修复中占主导地位的焊条弧焊和氧 - 乙炔气焊在现代车身修复中就要谨慎采用了。焊条弧焊现仅用于车架式车身以及低碳钢车身的修复；氧 - 乙炔气焊、压力电阻焊和粘接只用在一些特殊的工艺中。对于新型的铝质车身修复焊接，更是需要按规定的焊接工艺进行。

二 确定维修方案

（1）确定维修方案时应考虑的主要内容

如图 4-47 所示，针对直接受损部位、间接受损部位及惯性效应受损部位，确定具体的修复方式；根据车身各部位材料的应用情况，确定需要采用的焊接工艺；考虑在校正拉伸过程中如何使用辅助支撑定位，以确保顺利修复；考虑在实施焊接换件作业中如何对需更换部件进行准确定位，以避免在焊接完毕后再对所更换的部件位置进行校正。

（2）确定维修方案的依据原则

在进行维修方案确定时，要遵循两个基本原则：一是经济效益原则；二是维修质量原则。

在车身修复过程中，首先要依据降低成本提高经济效益原则。但也不能仅仅以经济效益为原则，在追求经济效益的同时，还要以保证维修质量原则为前提。兼顾两方面的原则，综合考虑各方面的影响因素。例如，局部拉伸时如何保证周边部

图 4-47　事故车辆

位不受影响，切割和焊接时如何保证金属内部结构尽量不发生较大变化，以及使用何种钻孔、打磨工具不会对安装造成影响。

（3）维修方案的制订对维修技术人员的要求

如图 4-48 所示，维修方案的制订对维修技术人员的要求是多方面的。首先，维修技术人员应该受过系统的计算机辅助设计车架结构知识，及计算机辅助设计车架对碰撞能量的吸收和传递等方面知识。

技师还应该具备汽车机械、电子、电工等方面知识。同时，技术人员还要掌握科学高效的技术管理知识。除此之外，技术人员对车辆碰撞损伤程度的确认、需要更换的部件、需要修理的部位、

图 4-48　维修方案的制订

修理方式的确定、设备工具的选用，以及各种操作规范化等方面的知识都必须熟知。这样，才能确保修复效果最佳化，进而提高客户满意度。

（4）维修方案的应用

1）严重损坏的维修方案。当车身发生严重损坏时，车身整体损伤超过 30%，或者底板严重变形，此车身整体无法修复，可按照车主需求进行整车车身的更换。从坏车上拆下全部可用的总成和零部件，对发动机等主要总成进行全面检查和修理。换用新的轿车车身总成和需要更换的全部零件，按照原厂装配工艺重新予以装配。

2）当车身发生碰撞时，如果损伤只发生在局部，如前后翼子板、车门、发动机舱盖或行李舱盖受到损伤时，可以进行车身局部更换，达到省事、省时和降低成本的目的。拆卸损坏后的车身钣金件，可视损坏程度的轻重和对修复零件的相关要求，决定重新单独修复或者更换。

3）当车身发生中度损坏，涉及车身底板发生变形，但无需全部更换车身，应先进行车身底板校正和车身校正，再修复损坏的车身钣金件。车身底板校正全部完成，保证了车身底板的立体位置，可以保证轿车车身的总体位置，确定了发动机总成和前悬架的安放位置，可恢复汽车车轮的定位角度及其他总成的定位。车身底板校正后，再进行车身钣金修理。

4）当车身侧面受到严重损伤，使车身的一侧发生凹陷变形。碰撞力较大时，车身侧面变形可能由一侧传至车身底板，使车身底板发生严重变形，可能传至顶盖，顶盖发生变形。甚至从车身底板和顶盖传至另一侧，使车身侧面凸起，应以校正的方法使其恢复原来的形状。当一侧门槛发生严重变形，并且涉及车身底板时，应使用牵引法牵引门槛。由于车身 A 柱和 B 柱均为高强度钢，一旦受损，必须更换车柱。钣金修复中应依照切割尺寸，把损坏后的一段支柱用锯割或气割方法切割下来，进行相关部位的校正。如支柱损伤，可能涉及车身顶盖和车身底板等部位的变形，首先应使大面积部位的变形得以恢复，然后才能换接上一段规则和形状完全相同的支柱。

三 拉伸校正

（1）拉伸准备（图4-49）

1）将车驶上或装载到校正仪上。

2）固定车身位置，合拢所有卡钳。

3）选取正确拉伸位置。

4）测量。测量是车身修理中不可缺少的重要环节，不仅在诊断过程中需要测量，在修复过程中也需要进行测量。

（2）拉伸校正的方法

拉伸过程中要注意方法和程序。拉伸时，每一次拉伸一小点，然后松开链条、卸力、测量。首先，拉伸第一碰撞方向，也就是车身最初受撞击方向。如果这个方向的变形被拉伸修复了，其他方向的变形就很容易拉伸了。

图4-49 拉伸准备

注意：由于高强度的整体式车身在加热时很敏感，通常不要试图一步就完成校正拉伸。一般应该遵循拉伸—保持平衡—再拉伸—再保持平衡的流程，循环往复。在预先确定的部位上施加拉力，将损坏的钢板慢慢地、小心地恢复其尺寸和形状，完全消除弯曲钢板的应力，就可以实现车身的准确修理。

四 焊接修整

（1）焊接

如图4-50所示，焊接时焊缝必须尽可能小。焊缝越大，连接处的牢固性就越小。点焊中待接合的板材突出部分结合时应尽可能无空隙。间隙越大，连接的牢固性就越小。焊点之间的最小距离25mm。

（2）修整

车身修整方法可以分为拉环修整法、加热和敲击修整法2种。

1）拉环修整法。如图4-51所示，拉环修整法就是根据钣金件受损部位的大小，焊上一定数量的垫圈拉环，然后将钢丝绳穿入垫圈拉环中，然后用人力或机械牵引钢丝，通过垫圈拉环使钣金件受损部位受力向外牵引，使其恢复到原来的位置和形状。特别是对于较大面积的变形，双层结构的钣金件、不易拉近的部位、转角过渡处和车门立柱等，采用拉环修整法修理显得更加方便。

图 4-50　焊接缝隙

图 4-51　拉环修整法

2）加热和敲击修整法。加热和敲击修整法是一个传统的修复方法，如图 4-52 所示。钣金技师可以对损伤表面进行加热，消除该区域的应力，然后将扭曲的金属板敲击平顺。加热和敲击应注意以下事项：

图 4-52　加热和敲击修整法

① 车身结构件或安全件不允许被加热，否则金属性能将被破坏。

② 钣金技师必须具有很高的技术和经验。

③ 钣金件金表面必须尽可能地被修复平整，不能完全依靠腻子层填充。

五　装复与验收

（1）装复

车身修复装配之前首先要清除焊渣和残胶，然后将裸露的钣金件表面喷涂防腐材料。最后，将经过修整的车身局部附件，以及需更换的部件和拆卸件，按原车的要求进行安装。

装复之后，还需要对车辆进行调试或试车，对于发生严重碰撞的车辆，务必进行四轮定位，

如果发现某些数据不符合规定标准，还要进行调试检测，直到所有的参数和数据都在标准范围内为止。最后，进行汽车表面的涂装。

（2）验收

无论采用何种修复方式修理车身结构，都需要达到原厂规定的技术要求，恢复车辆原有的性能和外观质量。车身大部分部件是用模具大批量冲压生产的，具有表面的完整性和精致性。修复后对于流线形曲面要连续过渡；对于曲面转折处要圆滑过渡；外表面应光亮如新，不允许有皱褶、皱纹、凹痕、敲痕、擦伤和肉眼可见或手触摸能感觉到的明显缺陷。特别是大面积修复时，要保证连续曲面的完整性、流线性、连续性和精致性。

车身在原设计中具有足够的强度和刚度，修复后的车身要保证其强度和刚度。修复后的车身应保证振动、噪声在允许的范围内，不能由于振动引起异常响声。确保车身在一定行驶里程内不得有疲劳损坏。车身整体必须有一定的刚度，保证车身钣金件在使用过程中有保持原有形状的能力。

第五章
汽车钣金件的切割与焊接

第一节　汽车钣金件的切割

一　钣金件的割断方法

车身结构性钣金件与整体式车身焊接在一起，从散热器支架到后端是一个整体的框架，拆卸这类钣金件时需要进行割断。切割车身结构性钣金件时，应充分了解各构件的性能，不可切割设计上的防碰撞缓冲区域、涉及汽车性能区域，以及关键性尺寸控制区域的钣金件，这是钣金件切割时应遵守的统一原则。

对于事故车的车身结构性钣金件损伤到不可修理时，需要局部或全部切除，一般采用氧-乙炔火焰或气动锯进行切割，但均应注意以下事项：

1）切割部位尽可能选择在构件与构件之间的接合处。

2）对整体式车身而言，切割部位必须避开车身设置的挤压区（如发动机舱、行李舱等）、悬架安装位置、尺寸参照基准孔、发动机和传动装置安装位置等。

3）切割部位避开构件加强板的支撑点少的地方，如加强肋板等。

4）切割部位避开应力集中部位，并使构件切换后不造成新的附加内应力，如切割线不能选在两构件垂直交接处等。

5）切割部位应兼顾到切换作业的难易程度，如是否便于切割，需拆装的相关零件多少与难易程度等。

（1）氧-乙炔火焰切割（图5-1）

氧-乙炔火焰切割虽然具有切割能力强、切断效率高的优点。同时存在许多缺点，一是切割部位会因为受热而变形，为了焊接新件，需要对切割部位进行整形，这样就增加了一定的工作量；二是对于结构性钣金件的内部结构来讲，由于氧-乙炔火焰的温度超过1500℃，会使切割区域的金属晶界发生氧化或熔化，且使防腐层损失，造成金属过早锈蚀。氧-乙炔火焰切割主要适于对较厚结构性钣金件的切割，如底板横纵梁、车架、骨架、支柱等车身钣金件厚度较薄的部分。为使割缝小一些，应选用小号割嘴。

（2）气动锯切割（图5-2）

用气动锯切割可以获得整齐的切痕，适于断面尺寸不大的小板类构件，如窗柱、门

图 5-1　氧-乙炔火焰切割

图 5-2　气动锯切割车头支架

柱、门槛板等。因为使用气动锯不仅可以避免氧 - 乙炔火焰切割时热变形，解决切割区域金属材质发生变化和防腐层受损的问题，并可完全按照事先在车身上画出的区域进行切割，误差很小，大大提高了修理质量。

一 钣金件焊点的拆解

车身结构性钣金件在制造装配时一般用点焊焊接在一起，拆卸的方法是对焊点进行分离，分离焊点的方法有定位钻去除点焊、气动锯切割点焊、錾子去除点焊等，但拆卸钣金件焊点时首先应了解点焊的数目和排列方法，以便确定点焊位置，从而做到心中有数。

（1）确定点焊位置

首先，用砂轮机除去底漆、保护层和其他覆盖物，以便找到点焊位置。用氧一乙炔火焰（气焊）将底漆烧焦，然后用钢丝刷清除，即可显示出点焊轮廓。若清除油漆后仍无法看清点焊区域，可用打磨机进行打磨，或用錾子对焊接处进行轻凿，以确定点焊位置（图 5-3）。

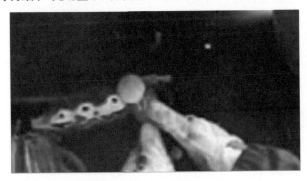

图 5-3　錾子确定点焊位置

（2）点焊拆卸

对于组焊而成的车身结构性钣金件的拆解，当确定点焊位置后，关键作业就是剥离焊点或焊缝。拆卸方法主要取决于焊接方式，及车身结构性钣金件上的焊点分布状况等，例如是焊点还是焊缝、在边缘还是在中间、朝上面还是向下面等。但所有焊点的拆卸都以切割、钻削、磨削等方式为主。当采用切割时应注意切割深度，切勿将焊缝下面的钣金件切去。

1）定位钻去除点焊（图 5-4）。采用定位钻去除点焊的一个优点就是绝大多数的焊点可以一次性被去除，只需要在最后打磨修整一下就可完成。

2）气动锯切割点焊（图 5-5）。采用气动锯切割点焊主要是运用气动锯沿焊缝切割掉大多数的焊点，然后清理掉剩下的其他焊点即可。

3）錾子去除点焊（图 5-6）。采用锤子和錾子去除点焊，操作简单，但只能清除少量并且不密的点焊，存在劳动强度大的缺点。

图 5-4　定位钻去除点焊

图 5-5　气动锯切割点焊　　　　　　图 5-6　錾子去除点焊

三　铜焊的拆解

　　拆解铜焊车身结构性钣金件时，可应用氧 - 乙炔焊枪加热的办法，利用钎料熔点低的特点加热使之熔化，从而达到对车身结构性钣金件拆解的目的。

　　（1）确定铜焊位置

　　首先用氧 - 乙炔火焰使油漆软化，再用钢丝刷或刮刀将油漆除去，最后用旋具将焊点撬松，如图 5-7 所示。

　　（2）拆卸铜焊

　　当铜焊的准确位置确定后，可将氧 - 乙炔焊枪的火焰调节成中性焰，对焊缝上的钎料加热使之熔化，与此同时用铜丝刷将熔化的焊料除掉以免流淌；趁铜焊的钎料未发生冷凝之前，用旋具等工具撬动焊缝，使车身结构性钣金件松动，如图 5-8 所示。

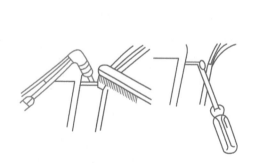

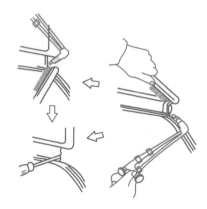

图 5-7　铜焊位置确定　　　　　　　图 5-8　拆卸铜焊

四　翼子板的分割

　　（1）C柱上部分割

　　首先，用卷尺按照要切割的尺寸在翼子板上画线，经观察比较无误后，用气动锯进行切割。

C柱上部分切割量一般选择在车顶侧翼子板接近车顶200mm左右的地方（图5-9），然后用点焊切割器去除焊点。

（2）车门槛板分割

车门槛板靠近轮眉100mm左右的地方，切割的断口要比新件安装时的对缝多20mm左右的余量（图5-10）。接着用点焊切割器去除焊点。

图5-9　C柱上部分割

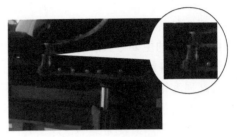

图5-10　车门槛板分割

（3）分离后尾灯座

分离后尾灯座，然后移走旧翼子板，如图5-11所示。

（4）安装翼子板

如图5-12所示，将翼子板用万能夹钳与相邻构件的边缘夹紧，以使翼子板在多处得到固定。然后，检查构件与车门的间隙是否符合要求，并用自攻螺钉将其临时固定。注意：新安装的翼子板边缘余量不宜留得过大，否则不便于装卡和固定。

图5-11　拆卸旧翼子板

图5-12　安装翼子板

（5）整体安装状况检查

全部装配完毕后，再进行一次整体安装状况检查（图5-13），查看各部间隙、线形以及对称度等，还要检查新件及与之关联的构件是否存在整体弯曲或扭曲等变形现象。在确认构件的安装与适配无问题后，再进入电阻点焊作业。

图5-13　整体安装状况检查

第二节　汽车钣金件焊接

一　汽车钣金件焊接概述

　　汽车钣金件焊接是指通过热量，将不同的钣金件永久性连接在一起的工艺过程，是车身钣金件连接在一起的主要方式。一直以来，车身修复时主要使用氧-乙炔焊和手工电弧焊的焊接方法，来焊接车身钣金件和结构性钣金件。

　　随着高强度钢在整体式车身上的广泛使用，上述两种方法逐渐失去了其主导地位。因为氧-乙炔焊将导致高强度钢板过热，材质改变、钢板变薄，从而造成其性能恶化，削弱钢板的力学性能。另外，由于热量较为集中，焊接时产生的应力较大，且难以采取有效的控制措施。而手工电弧焊焊后的焊缝部位一般硬度较高，但韧性不足，薄板容易出现熔穿孔，相对于 CO_2 气体保护焊，其对薄板的焊接质量相差较远。

　　目前，汽车钣金维修行业应用于车身焊接的方式，主要有 CO_2 气体保护焊和电阻点焊，而氧-乙炔焊虽然有缺点，但在钣金维修中仍能发挥其他的作用，如实施钎焊、金属表面清洁、加热后取出难以松动的螺钉等。

二　CO_2 气体保护焊

　　（1）CO_2 气体保护焊的原理

　　CO_2 气体保护焊（简称 CO_2 焊）是采用 CO_2 气体作为保护介质。如图 5-14 所示，焊接时 CO_2 气体通过焊枪的喷嘴，沿焊丝周围喷射出来，在电弧周围形成气体保护层，将焊接电弧及熔池与空

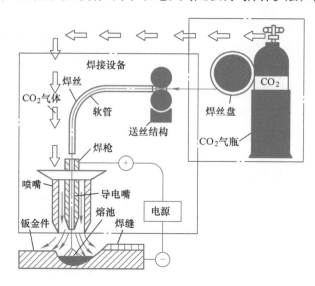

图 5-14　CO_2 气体保护焊工作过程

气隔离开来，从而避免了有害气体的侵入，保证焊接过程的稳定，以获得优质的焊缝。

（2）CO_2气体保护焊接参数调整

1）电弧电压调整。电弧电压作为参数调整的一个重要指标，通常需要根据钣金件的厚度及焊接位置进行设定。

① 电弧电压过高时，电弧长度增大，焊接熔深减小，焊缝宽度增大；当电弧电压过低时，电弧的长度减小，焊接熔深增加，焊缝宽度减小。

② 当电弧电压较大时，焊接飞溅物增多，喷嘴、导电嘴容易烧蚀；当电弧电压过低时则会出现噼啪响声或引弧困难。只有电弧电压调整到适当数值时，焊接部位将连续发出持续、平缓的"嘶嘶"声音。一般在短路过渡焊接时，电弧电压在16~25V范围内；在采用1.2~3.0mm直径的焊丝进行焊接时，电弧电压在25~44V范围内。

2）焊接电流调整。目前常用的CO_2气体保护焊机种类较多，有的具有单独的电流调节旋钮，有的是将电流调节和出丝速度调节功能结合在一起。焊接电流的大小将影响到钣金件的焊接熔深、焊丝熔化速度、电弧的稳定性、焊接飞溅物的数量等。随着电流强度的增加，焊接熔深、焊缝的宽度和高度也会增加。一般用0.8~1.8mm直径的焊丝或短路过渡焊接时，焊接电流在50~230A范围内。

3）导电嘴与钣金件的距离与调整。如图5-15所示，导电嘴到喷嘴之间的距离一般调整为约3mm，导电嘴到钣金件的距离一般为8~12mm，焊枪与钣金件距离太远或太近都会使焊接性能变差。距离太远，保护气体就起不到应有的保护作用，焊丝会提前预热发红，增加了焊丝的

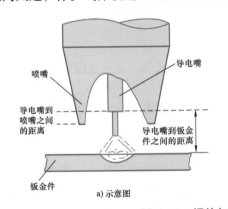

喷嘴　导电嘴
导电嘴到喷嘴之间的距离
导电嘴到钣金件之间的距离
钣金件

a）示意图

b）实物图

图 5-15　焊枪与钣金件距离

熔化速度，焊接熔敷性较差，并且会增加焊接过程中的飞溅物；如果距离太近，则很容易挡住视线，难以观察熔池，同时也会加速导电嘴损坏，甚至造成钣金件出现熔穿孔。

4）焊丝伸出喷嘴长度调整。如图5-16所示，焊丝伸出喷嘴4~7mm为宜，喷嘴为内外层结构，中间有绝缘层隔绝，如果焊接时的熔滴或飞溅物落入喷嘴，CO_2气体将不容易流出，还会阻碍焊丝的进给，影响焊接质量。另外，也可能造成导电嘴与喷嘴成

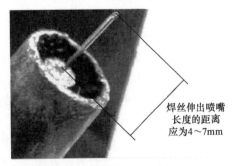

焊丝伸出喷嘴长度的距离应为4～7mm

图 5-16　焊丝伸出喷嘴长度

为导体，应流入到焊丝的电流便会转移到喷嘴上，焊丝将会燃烧或者飞溅，加速喷嘴、导电嘴的损坏。焊接时由于电阻加大，焊机还会出现嗡嗡的噪声。所以，应经常清洁喷嘴上的飞溅物，并在焊接前使用防溅剂以减少黏附于喷嘴上的飞溅物。

5）CO_2 气体的流量控制。CO_2 保护焊的保护气体流量应该适中，太小将起不到保护作用或保护效果较差，太大将会形成涡流，同样也会降低保护效果。气体流量应根据喷嘴和钣金件之间的距离、焊接速度、焊接周围空气流动等情况进行调整。通常在进行仰焊时，气体流量应适当增加，以便对熔滴施加一个向上的推力，避免熔滴因重力作用落入喷嘴。

6）送丝方式与送丝速度调整。CO_2 保护焊有正向和反向两种送丝方式如图 5-17 所示。正向焊法也称右焊法和退焊法，此种方式焊接熔深较大、焊缝较窄、成型饱满，但不容易掌握焊接方向，容易焊偏。反向焊法也称左焊法和前焊法，气体保护效果好、焊接熔深较小、飞溅物较多。车身钣金件通常采用正向焊接方式，反向焊法方式常用在焊接厚金属板材和铝合金板材上，因为此时需要大量的屏蔽气体，以防止焊缝氧化。

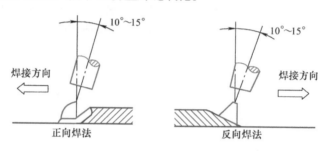

图 5-17 CO_2 保护焊送丝方式

送丝速度的快慢可以通过视觉、听觉和手感等进行感知，送丝速度较慢时，随着焊丝在熔池内熔化并熔敷在焊接部位，焊丝容易出现回烧现象，此时亮度增加，焊纹不亮。送丝速度较快时，握枪的手会有反冲力，焊丝不能充分熔化，飞溅增多，此时的视觉信号为频闪弧光。只有调到合适时，才会感觉焊接顺畅，焊接声音连贯，焊纹较亮。在生锈或者有油脂的部位焊接时，焊丝也会产生反冲力，此时应先进行清洁，或将送丝速度适当减慢再进行焊接。

仰焊时，金属熔滴由于重力的作用，可能会落入气体喷嘴，导致喷嘴或导电嘴烧蚀。所以仰焊作业时，要采用较快的送丝速度、较短的电弧和较小的金属熔滴。将喷嘴推向钣金件，以确保焊丝不会向熔池外移动。

7）焊接速度控制。焊接速度应根据焊缝类型、钣金件厚度、焊接电压等因素做出相应调整，如果焊枪的移动速度较快，焊接熔深和焊缝的宽度都会减小，当移动速度进一步加快时，将会出现咬边现象。如果运行速度较慢，则焊缝的宽度会相应增加，钣金件会由于热量的聚集产生变形，从而破坏母材的性能。要想得到良好的焊缝，需要将焊枪沿着焊缝平稳地移动。移动太快或偏离焊接接缝，都会使焊接区金属不能很好熔化，进而会形成外表难看、强度不足的焊缝。此外，焊接时的站姿和抓握焊枪的姿势一定要稳，否则也会影响焊接质量。

（3）CO_2 气体保护焊的焊接形式

1）连续焊。连续焊也叫拖焊，是指焊枪缓慢、匀速稳定地向前运动，中间没有停顿电弧，从而形成一道连续焊缝的焊接方法。连续焊的焊缝熔透性好、质量较高、成型美观，而且可以提高工作效率，其缺点是由于热量聚集、温度过高易引起车身钢板发生翘曲或扭曲变形。因此，对于较长的焊缝，不建议一次性连续焊接完成，焊接一段后需要冷却一段时间，然后再进行焊接，或者采用跳焊、逐步退焊等方法，以避免热量聚集。热量集中在一个非常小的区域内，焊接时就会导致烧穿现象出现。

如图 5-18 所示，连续焊操作时应保持姿势稳定，焊枪通常倾斜 10°~15°，握焊枪的手均匀直线运行，这样可以清楚地观察熔池，从而得到高度和宽度恒定的焊缝，而且焊缝上带有许多均匀、细度的焊波。开始起焊时，应将焊枪下压，以避免焊缝高度过高，宽度过窄。随着焊接后温度的升高，应将焊枪抬至正常高度，缓慢、匀速向前运行。临近焊缝结束时，由于此时热量较高，应将焊枪稍微抬起，避免焊缝过低、过宽。收枪时，不能抬起太快，否则熔池容易出现气孔。

图 5-18　连续焊操作

焊接车身钢板时，有的需要进行满焊，有的采用间断焊。满焊是指对焊接强度要求较高，将钣金件所有的接触的地方都进行焊接。绝大多数的车身钢板切割更换，都需要进行焊接。对连接强度要求不是太高的情况，可以采用间断焊接。即焊一段，间隔一段，更换车身底板时可采用此种方法，焊接完成后需要将整个焊缝打胶进行密封处理。

2）定位焊。定位焊是一种临时点焊，是用于保持两件待焊钣金件相对位置固定不变，以免发生位置偏移。定位焊的距离应根据钣金件厚度、形状、焊缝长度等情况而定，如图 5-19 所示。通常钣金件越厚，面积越小，曲面越大，定位焊的距离就相对越远，反之定位焊时就应该近一点。车身钣金件定位焊的跨度一般为 15~30mm。

切割更换车身后翼子板、车门立柱等部位时，车身线、凸缘、边缘位置应首先进行定位点焊。定位焊点在正式焊接前应进行打磨，以焊点与钣金件几乎持平而又不会轻易断开为原则，这样正式焊接时定位焊部位既可以被良好地熔透，而且焊缝也不会太高。

3）塞孔焊。塞孔焊也称填孔焊，是指在外面的一块或若干块钣金件上打孔，电弧穿过此孔，进入里面的钣金件，这个孔被熔化的金属填满并将钣金件焊接在一起，如图 5-20 所示。

图 5-19　定位焊操作

图 5-20　塞孔焊操作

塞孔焊只能用于车身上两层或若干层钣金件的搭接部位，可以代替制造厂的电阻点焊。采用塞孔焊焊接不同厚度的钣金件时，应将较薄的钣金件放在上面，并在较薄的钣金件上冲出或钻出较大的孔，这样才能保证下部较厚的钣金件能首先熔化。车身制造时很少采用塞孔焊，有的车架为了保证焊接强度采用了这种工艺。

① 车身上装饰性或承载力较小的钣金件，如后围板、前照灯座等，焊接时可以钻出直径为5mm 的孔，这样可以减少后续的打磨工作量及焊接变形。焊接时，先将待焊的两块钣金件紧紧固定在一起，焊枪和被焊接的表面保持一定的角度和距离，将焊丝对准孔的中间，短暂地触发电弧，然后断开触发器，熔融焊丝将填满小孔，并将上下钣金件焊接在一起。焊接时，握住焊枪的手只需保持稳定即可，不需要旋转。

② 需要承载较大载荷的结构性钣金件，塞焊前应冲出、钻出直径 8mm 的孔，这样才能保证焊接强度。焊接时，保持身体稳定，从孔的边缘某一位置开始起焊，并沿着孔的外缘匀速旋转，旋转近一圈，大约又回到起点位置，将焊枪移至孔的中间位置断开电弧，这个过程应一次性完成。焊接时，焊丝应指向孔的边缘位置，电弧热量应同时熔化底层钣金件与上层钣金件孔的边缘约 1mm，所以焊接后的焊点，正面焊疤直径不小于 10mm。

③ 三层或三层以上的钣金件进行塞孔焊，最外层的钣金件应冲出或钻出直径 9mm 的孔，中间层钣金件的孔直径应为 8mm。

4）点焊。点焊法是送丝定时脉冲被触发时，将电弧引入被焊的两块钣金件，使其局部熔化的一种焊接工艺，如图 5-21 所示。大多数 CO_2 保护焊机内部安装有定时器，在一次点焊后，便会自动切断送丝装置并关闭电弧，间隔一定时间后，才能重新进行下一次点焊，开关触发一次只能焊接一个焊点，因此无论将焊枪开关触发多长时间，都不起作用，但如果将触发器松开，然后再次启动，便可进行下一次点焊。

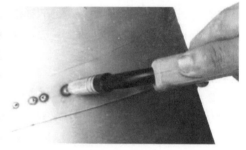

图 5-21　点焊操作

点焊的焊点一般较小，不容易造成熔穿，适合于薄钣金件及较大缝隙部位的焊接。点焊可以使用通用型喷嘴，也可以采用点焊专用喷嘴进行焊接，可以在对接位置焊接，也可以在搭接、角接部位进行焊接。

5）连续点焊。当持续、快速进行若干次点焊，使焊点与焊点相连接或者重叠，这种焊接方法称为连续点焊，如图 5-22 所示。连续点焊产生的热变形较小，熔深较小，所以分割更换车身钣金件时大多数采用连续点焊。

连续点焊可以采用右焊法，也可以采用左焊法。这两种焊接方法不同，成型的焊缝形状也有所不同。采用右焊法连续点焊时，焊点应压在上一个焊点直径1/3 的位置，从左至右，以此类推。所以右焊法的连续点焊焊缝是右侧的焊点压在左侧焊点上部，焊缝成型相对饱满。采用左焊法时，焊点应在上一个焊点的边缘位置起弧，从右至左。左焊法的连续点焊焊缝，左侧的焊点压在右侧的焊点上部，焊缝较低，焊波清晰，飞溅较少。

图 5-22　连续点焊操作

无论是连续焊还是连续点焊，焊缝较长时，应按要求采取分段焊接，以减少焊接热导致的钣金件变形。

6）焊补孔洞。车身钣金件在碰撞过程中及车身修复时，会出现一些孔洞，需要进行焊补。焊接时，首先应将 CO_2 保护焊机的参数调整至尽量小的范围，在孔的边缘进行快速点焊，焊接方式应为从一边到另一边依次焊接，直至把小孔填满，如图 5-23 所示。

（4）CO_2 气体保护焊的焊接位置

焊件接缝所处的空间位置称为焊接位置。焊接位置主要有平焊、横焊、立焊和仰焊 4 种，由需要焊接的部位决定。能够满足 4 种全部焊接的工件位置称为焊接全位置。具体内容如下。

1）平焊。如图 5-24 所示，平焊就是让待焊表面处于近似水平位置，从接头上面进行焊接。这种焊接位置是最容易焊接的，而且还能获得很好的焊透深度，所以应尽可能地将钣金件的位置放到能实施平焊的位置。

图 5-23 焊补孔洞操作

图 5-24 平焊操作

2）立焊。如图 5-25 所示，立焊是指沿接头由上而下或由下而上进行的焊接。立焊时，熔池金属和熔滴因受重力作用具有下坠趋势，和焊件分开，容易产生焊瘤。所以使用的电流不要过大，应略低于平焊电流，而且焊条不用像手工电弧那样左右或锯齿状摆动，通常采取由上而下的焊接方法。

3）横焊。如图 5-26 所示，横焊就是对待焊表面处于近似垂直，焊缝轴线基本水平的位置进行焊接。横焊由于位置特殊，主要缺点有焊瘤和咬边，对于稍微厚点的钣金件，需要采用合适的焊丝或焊条以保障焊接质量，对于此类钣金件基本采用连续点焊的焊接方法。

图 5-25 立焊操作

图 5-26 横焊操作

4）仰焊。如图5-27所示，仰焊就是待焊表面处于水平下方的焊接。这种焊接位置在各类焊接位置中属于最难焊的一个位置。由于重力作用，熔滴会出现下垂，所以焊接时应调低电压、电流及出丝速度，并将CO_2气体流量适当调大一点。

（5）CO_2气体保护焊焊接缺陷分析

1）咬边。由于焊接工艺参数选择或操作方法不当，使母材沿焊缝部位产生沟槽或凹陷称为咬边，如图5-28所示。产生咬边的主要原因如下：

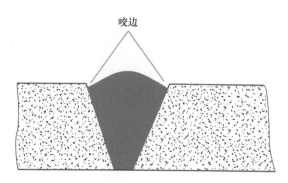

图5-27　仰焊操作

图5-28　咬边缺陷

① 焊枪倾角不合适。

② 电弧过长。

③ 焊枪保持不稳定。

④ 焊接速度太快或电流设置太大等。

2）焊瘤。焊接过程中金属流溢到加热不足的母材或焊缝上，然后出现与母材不能熔合的堆积金属，称为焊瘤，如图5-29所示。产生焊瘤的主要原因如下：

① 焊接速度太慢。

② 电弧太短。

③ 焊枪进给太慢。

④ 焊接电流太小等。

3）飞溅过多。飞溅过多表现在焊接区域两侧的金属表面上堆积有很多熔化的焊丝斑点，如图5-30所示。产生飞溅过多的主要原因如下：

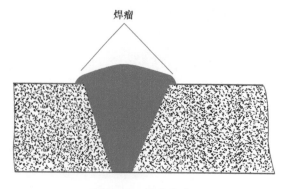

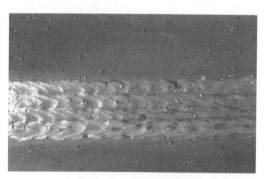

图5-29　焊瘤缺陷

图5-30　飞溅过多缺陷

① 使用了错误的焊接气体。

② 电弧太长。

③ 焊枪倾角不正确。

④ 母材表面生锈等。

4）气孔。气孔是指在焊接过程中，焊缝区域内存在很多小孔，如图 5-31 所示。产生气孔的主要原因如下：

① 焊丝上粘有油污或焊丝生锈。

② 电弧太长。

③ 焊缝冷却太快。

④ 保护气体密封不严。

⑤ 使用错误的焊接气体。

⑥ CO_2 气体喷嘴损坏。

⑦ 焊接气流产生扰动。

⑧ 使用不正确的焊丝。

⑨ 钣金件表面受到锈蚀、水分、油漆等污染。

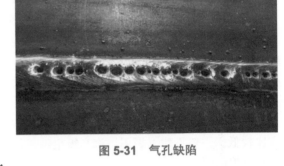

图 5-31 气孔缺陷

5）熔穿。如图 5-32 所示，熔穿的主要特性是焊缝在母材的底部发生下陷，或在焊缝中有小孔洞出现，甚至会穿透焊缝到金属的背面。产生熔穿的主要原因如下：

① 焊接电流过大。

② 连接部位的距离太长。

③ 焊枪移动速度太慢。

④ 焊枪与钣金件之间距离太近等。

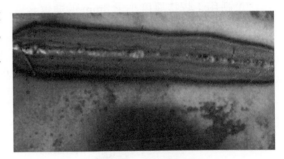

图 5-32 熔穿缺陷

6）焊缝不均匀。焊缝不均匀是指焊缝出现起伏波动、不平直的形状，如图 5-33 所示。产生焊缝不均匀的主要原因如下：

① 焊接姿势不正确。

② 焊丝伸出过长。

③ 导电嘴破损等。

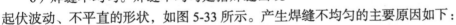

图 5-33 焊缝不均匀缺陷

三 电阻点焊

（1）电阻点焊特点

1）电阻点焊优点：

① 电阻点焊操作简单，对钣金技师的技术水平要求不高。

② 焊点外观与原车焊点外观一致，美观大方。

③ 焊接时间短，且为局部加热，钣金件热变形影响较小。

④ 焊接速度快，并且焊接飞溅比较容易控制，可有效提高工作效率。

⑤ 焊接成本较低，焊接时不需要焊丝、焊条等填充金属，以及氧、乙炔、CO_2 气体等焊接材料，相对 CO_2 气体保护焊防护效果更佳。

2）电阻点焊缺点：

① 可以焊接的范围小，因为车身结构复杂无法对钣金件两面同时进行焊接，而单面点焊强度比较低，一般不建议采用。汽车钣金维修使用的电阻点焊机的功率，小于汽车制造业的工业电阻点焊机。

② 适用于钣金件重叠部位的搭接焊，对其他类型的接头不能焊接。

③ 适用于焊接厚度小于 3mm 的薄钣金件。

（2）电阻点焊的焊接原理

电阻点焊属于压接焊中的电阻焊接种类，其原理是通过焊枪上的电极臂对重叠的钣金件进行加压（图 5-34），利用低电压、高电流，流过夹紧在一起的钣金件重叠部位时产生的电阻热量，将局部加热到半熔融状态，在挤压力的作用下将它们接合在一起，冷却后形成熔核。

图 5-34　电阻点焊机

电阻点焊产生的热量与电阻、焊接时间、电流成正比关系，是非常关键的因素。如果金属局部完全熔化，将形成熔池，在压力的作用下熔深会很深，质量无法保证，如果温度很低，即使在压力的作用下，两块钣金件也不可能接合在一起。所以比较理想的温度，是将两块金属同时加热到半熔融状态下施压。半熔融是指金属完全熔化前的一种液态与固态共存的状态，此时钣金件局部已经软化，接合部在压力的作用下使其组织致密性提高，从而达到所需的力学性能。所以，电阻点焊的作业顺序应为加压、焊接、保持三个阶段。

（3）电阻点焊的要素

电阻点焊质量有很多因素决定，其中电极压力、焊接电流和通电时间较为关键，被称为电阻点焊焊接三要素。除此以外，焊接质量与电极臂、电极头、母材状态及表面处理、焊点位置与数量等也有很大关系。

　　1）电极压力。电流过大、电极压力过小将会在焊接时产生飞溅。在焊接电流不变的情况下，如果电极压力过小，焊点熔深会很浅，不能有效提高接头的致密性，同时还会产生飞溅，导致接头强度降低；如果电极压力过高，会使电极头压入被焊金属软化部位过深，同时焊点熔核就会过小，接头强度也会降低。这是因为施加的电极压力越大，通电面积将会越大，电流不能集中流过焊接部位，从而使热量减少，导致熔核相应变小，如图 5-35 所示。

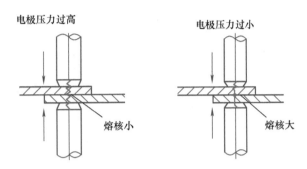

图 5-35　电极压力与熔核关系

　　2）焊接电流。如图 5-36 所示，焊接电流的大小由焊接钣金件的厚度、材质及电极臂长度决定的，当焊接较薄的钣金件或者使用缩短型的电极臂时，应减小焊接电流；当焊接较厚的钣金件或者使用加长型、宽距离的电极臂时，应加大焊接电流。

　　随着焊接电流的增加，熔核的直径也会相应增大，强度也会增加。当电流达到一定程度时，就会发生板内喷溅，如果此时增加压力，就可以增加焊接部位的通电面积，便可将焊接溅出物降低到最小值。焊接电流与电极压力有着密切的关联，能否相互协调直接影响着焊接质量。

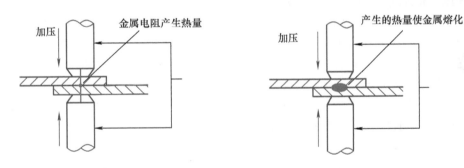

图 5-36　焊接电流与焊接钣金件的厚度关系

　　3）焊接时间。焊接电流不变的情况下，焊接部位产生的热量，随着焊接时间的增加而增加，熔核也会相应变大。如果进一步增加焊接时间，不仅不能进一步增加熔核的直径，相反还会造成热应变等问题；如果焊接时间减少，熔核也会相应减小，如图 5-37 所示。同理，如果焊接时间不变，增加或减小焊接电流也会导致焊接部位的热量相应增加或减小。

　　焊接电流和通电时间直接关系到焊接部位的热量，一般可以通过焊接后的焊点颜色就可以判断电流与焊接时间的大小。正常情况下，焊接后的焊点中间，即电极头接触的部位颜色不会发生变化，与没焊之前的颜色相近，如果出现火色，说明焊接部位的热量较大，应相应减小焊接电流或通电时间。

　　有些焊机无法调整焊接电流和加压力量，对此可以适当延长焊接时间来保证焊接的强度。

　　4）电极臂的选择与调整。焊枪臂由电阻较小、导电性较好的铜合金制成，一台焊机会配备一

套长度和形状不同的可更换电极臂,以满足车身不同位置的焊接需求。正常情况下,应选择较短的标准型电极臂,以获得稳定的电流和较大的压力,如图5-38所示。随着电极臂的长度增加,焊接压力会相应减小,电流也会相应损耗,导致焊接质量下降。当使用加长型或宽距离的电极臂时,高强度电流会由于电缆长度增加而降低,需要调整焊机上的控制面板,将输出的电流强度调高。

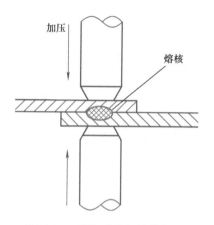

图 5-37   焊接时间与熔核关系

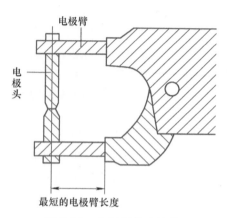

图 5-38   电极臂长度调整

安装或更换电极臂后,应使用双手挤压上下电极头,或者开启焊枪手柄控制开关,注意观察电极头是否对准,确保电极头在同一条轴线上。如果有偏差或位置不正,将会造成焊接时钢板变形、加压不充分或电流过小,影响焊接质量。

5)电极头选择与维护。电极头的直径通常为焊接钢板厚度的2倍加3mm。如果电极头直径过大,会使电流密度下降而使焊点直径变小;如果电极头直径过小,焊点的直径也不会变大。在长期的使用过程中,电极头端面容易黏附焊接燃烧物和杂质,将会导致焊接时此处电阻增大,电流难以有效流通;如果继续焊接,将会使电极头不能充分散热而变得红热,造成电极头损坏、焊接电流大幅度下降,甚至出现焊接飞溅。所以,焊接时应该合理地安排启停过程,以便让电极头有冷却的时间,同时使用电极头切刀清洁干净电极头,如图5-39所示。

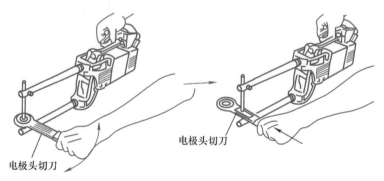

电极头切刀

电极头切刀

图 5-39   电极头清洁

(4)电阻点焊的操作方法

1)焊接表面整平。两个焊接表面之间的任何间隙都会影响电流的通过,虽然不消除这些间隙也可以进行焊接,但焊接部位连接面积将会变小而降低焊接的强度。因此在焊接前,提前将两个金属钣金件表面整平，以消除间隙，或用夹紧装置将两者夹紧，如图 5-40 所示。

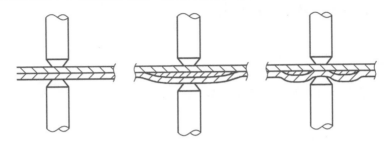

图 5-40 金属钣金件表面整平

2）焊接防锈处理。在需要焊接的金属钣金件表面涂一层导电系数较高的防锈剂，必须将防锈剂均匀地涂在金属钣金件上，如图 5-41 所示。

3）焊接角度调整。如图 5-42 所示，电极头和金属钣金件之间的夹角应呈 90°。如果这个角度不正确，电流强度便会减小，会降低焊接接头的强度。

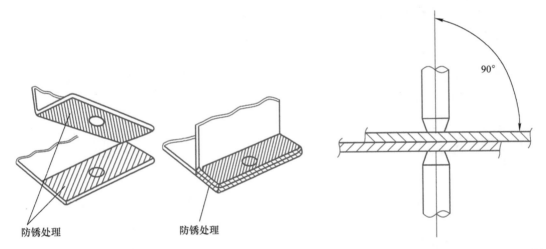

图 5-41 金属钣金件表面防锈处理

图 5-42 电极头和金属钣金件焊接角度调整

4）焊点数量的确定。钣金件修复时用的点焊机功率一般比汽车制造厂的小，因此在修复时，应将焊点数量增加 30%，如图 5-43 所示。

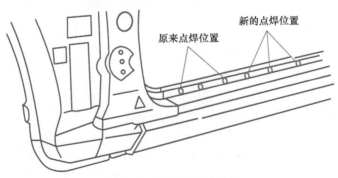

图 5-43 焊点数量的确定

5) 点焊的顺序确定。正确方法是进行间隔位置焊接，如图 5-44 所示。不要只沿着一个方向连续进行点焊，这种方法会使电流产生分流，降低焊接质量。

（5）电阻点焊的焊接缺陷分析

1) 点焊裂缝缺陷分析。点焊裂缝主要是电阻点焊电极压力不足或冷却不良，应调整规范，加强操作水平。

2) 点焊缩孔和气孔缺陷分析。点焊缩孔和气孔主要是因电极压力过低，焊接表面过脏，应修正通电与压力时间及采用正确操作技术。

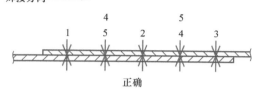

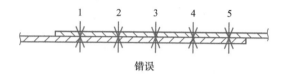

图 5-44 点焊的顺序确定

3) 点焊烧穿或表面烧伤缺陷分析。点焊烧穿或表面烧伤主要是焊件或电极表面过脏，电极压力过小，加热过快，应修正电极调整规范。

4) 点焊外部飞溅或局部烧穿缺陷分析。点焊外部飞溅或局部烧穿主要是焊件表面清理不良，电极表面过脏，电极压力太小，电流过大或焊接时间过长，应相应修正焊件 / 电极表面或调整规范。

5) 未焊透或焊点过小缺陷分析。未焊透或焊点过小主要是焊接电流过小或通电时间过短，应增大电极压力或按照规格操作。

四 氧 - 乙炔焊

氧 - 乙炔焊就是利用氧气和乙炔气混合燃烧所释放的热量作为热源，进行金属材料焊接的一种方法。

（1）氧 - 乙炔焊原理

氧 - 乙炔焊原理是利用乙炔在氧气中燃烧产生的高温，使焊条熔化来焊接钣金件，如图 5-45 所示。

（2）氧 - 乙炔焊工艺参数的选择

1) 火焰类型的选择。火焰类型取决于焊接母材的材质。碳钢类材料多采用中性火焰焊接，其他材料则有使用碳化焰或氧化焰的。

① 中性火焰。中性火焰焰心呈尖锥形，色蓝白而亮，轮廓清楚，外焰呈淡橘红色如图 5-46 所示。适用于低碳钢件，纯铜板件焊接。

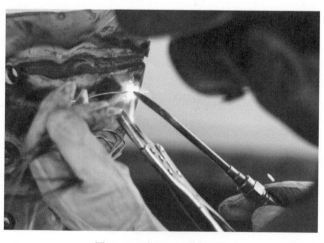

图 5-45 氧 - 乙炔焊操作

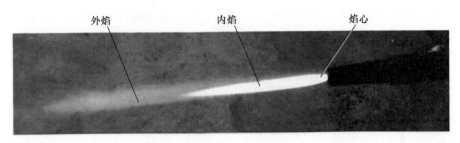

外焰　　内焰　　焰心

图 5-46　中性火焰

② 碳化焰。碳化焰焰心呈蓝白色，外周包着一层淡蓝色的火焰，轮廓不清楚，外焰呈橘红色，伴有黑烟，如图 5-47 所示。适用于高碳钢、铝合金焊接、一般铝板焊接等。

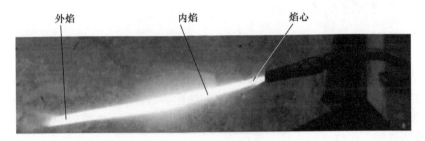

外焰　　内焰　　焰心

图 5-47　碳化焰

③ 氧化焰。如图 5-48 所示，氧化焰焰心呈淡蓝色，内焰较小，焊接时会发出急剧的"嗖嗖"声。

外焰　　焰心

图 5-48　氧化焰

2）焊嘴的选择。焊嘴的大小与火焰的能率有关。单位时间内火焰所提供的热能的大小代表火焰的能率。大号的焊嘴，火焰能率高，适于厚钣金件的焊接，各种型号焊嘴如图 5-49 所示。

3）焊丝与焊剂的选择：

① 焊丝的选择。焊丝材料应选用与钣金件相同的材料，汽车钣金件多为低碳钢板，选用一般铁丝即可。焊丝如图 5-50 所示。

② 焊剂的选择。在焊接的过程中，金属中的某些成分易

图 5-49　各种型号焊嘴

发生氧化，生成难熔的氧化物。焊剂的主要作用就是防止氧化的发生，并将难熔性氧化物转化为可熔性盐类，同时使生成的杂质浮于焊道表面，防止焊缝产生气孔和夹渣。使用时，可将焊剂先涂在零件焊接处，也可在焊接时将焊丝粘上焊剂填到焊缝中。焊剂如图 5-51 所示。

图 5-50　焊丝

图 5-51　焊剂

4）焊接方向的选择。氧 - 乙炔焊的操作方法有左焊法和右焊法两种。焊炬从右向左移动的焊接方法称为左焊法；焊炬从左向右移动的焊接方法称为右焊法。

① 左焊法。如图 5-52 所示，左焊法是焊枪从右向左移动，火焰背对焊缝而指向未焊部位。此焊法操作较为简便，焊接薄钣金件和低熔点金属时，可减少焊件受热变形和烧穿的可能。同时，火焰对焊口和未焊部位有一定预热作用，焊接速度较快。

② 右焊法。如图 5-53 所示，右焊法是焊枪从左向右移动，火焰指向焊缝已焊部位。火焰使焊缝周围的空气对其影响较小，能很好地保护熔池内金属，且焊缝冷却速度慢，金属组织得以改善，使焊缝质量优化。但此法操作难度大，不易掌握，多用于厚钣金件的焊接。

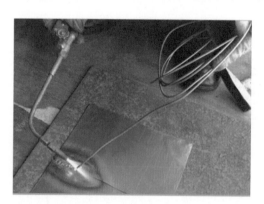

图 5-52　左焊法操作

图 5-53　右焊法操作

（3）氧 - 乙炔焊的焊接位置

1）平焊。焊接开始时，焊炬与焊件的角度可大些，随着焊接过程的进行，则焊炬与焊件的角度可减小些。焊丝与焊炬的夹角应保持在 90° 左右，如图 5-54 所示。

2）立焊。立焊的火焰能量比平焊小些。要严格控制熔池温度，以借助火焰气流的吹力托住熔池，不使熔化金属下淌。具体如下：

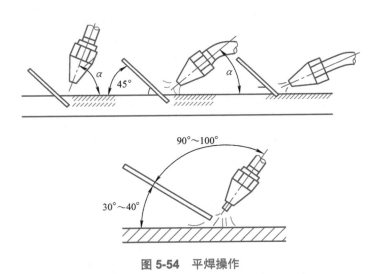

图 5-54　平焊操作

① 如图 5-55 所示，焊接火焰应倾斜向上，并与焊件成 60° 夹角。焊丝与焊件间应成 30°~50° 角，并进行环形移动，将熔化的金属均匀地一层层堆敷上去，但要注意少加焊丝。

② 熔池面积不能过大、过深。厚板焊接时，焊嘴不要做横向摆动，仅做上下跳动，有利于控制熔池温度。

③ 适当提高焊接速度，并将火焰较多地集中在焊丝上，可防止熔池温度过高，避免熔池金属下淌。

④ 应采用由下向上的焊接方向，熔池形状以扁圆或椭圆形为宜，不要形成上下尖形的熔池。焊接薄板时，因熔池体积较小，焊枪可做较小的横向摆动，这样有利于扩散熔池中的热量，并将熔融金属吹到两侧，从而形成较好的焊接品质。

3）横焊。如图 5-56 所示，横焊时应采用左向焊法，火焰倾斜向前、向上，用火焰的吹力托住熔池金属，使之不发生下淌。焊丝始终插在熔池之中，并不断把熔化的金属向上推动。应选择比平焊小的火焰能率，严格控制熔池温度。

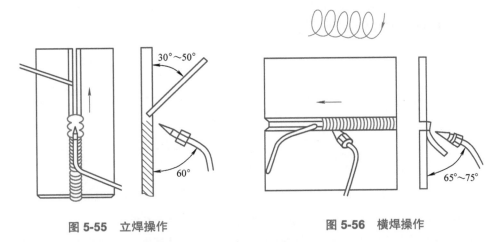

图 5-55　立焊操作　　　　　　　　图 5-56　横焊操作

4）仰焊。仰焊是指焊件在焊接火焰上方，钣金技师需仰视焊件并进行焊接作业。仰焊时使

教您学汽车钣金修复 **第2版**

用较小的火焰能量，严格控制熔池温度和面积，利于熔化金属快速凝固。由于操作困难，应注意如下事项：

① 尽可能选择较小的火焰能量，所用焊枪和焊嘴均应比相同焊件平焊时小一号。焊接时应严格控制熔池的温度和大小，确保熔化的金属快速凝固。

② 宜选用较小直径的焊丝以薄层堆敷上去。若焊接较厚或有坡口的焊件时，应分层施焊。第一层应保证焊透，以后各层应保证熔合良好。

③ 如图 5-57 所示，焊嘴与钣金件应成 60°~80° 角，焊丝与焊件应成 35°~55° 夹角。用焊丝挡住部分火焰，并利用火焰的吹力托住熔池金属。施焊过程中，焊丝应做"之"字形移动，并始终浸在熔池内，焊嘴则应做扁圆形运动。

④ 仰焊时，应特别注意作业安全和焊接姿势，做好必要的防护工作。

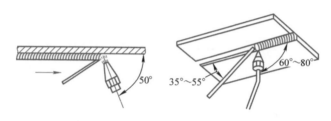

图 5-57　仰焊操作

（4）氧 - 乙炔焊焊接缺陷分析

1）未焊透。焊接后焊件接头底部，如果有未完全熔透的现象，称为未焊透，如图 5-58 所示。产生未焊透的主要原因如下：

① 焊前处理不佳。焊件接口处清理不净，如存在氧化物、油污等。

② 坡口处理不良。焊件坡口角度过小、接口不整齐、间隙太小等。

③ 焊嘴型号不对。所选焊嘴型号过小，以及火焰能量不够，或焊接速度过快。

④ 散热速度过快。焊件的散热速度过快，使熔池存在的时间短，以致填充金属与母材之间未能充分熔合。

2）咬边。焊接工艺参数选择或操作方法不当，使母材沿焊缝部位产生沟槽或凹坑称为咬边，如图 5-59 所示。产生咬边的主要原因如下：

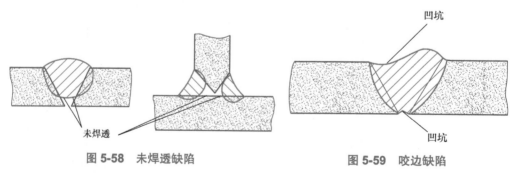

图 5-58　未焊透缺陷　　　　　　图 5-59　咬边缺陷

① 火焰能量过大、焊嘴倾角不正确、焊嘴与焊丝摆动方式不当等。

② 火焰应正对焊缝中心，熔池不宜过大，且焊丝的运动范围应达到熔池边缘，否则将会导

致咬边。

3）夹渣。焊后在焊缝残留一定数量的熔渣，称为夹渣，如图 5-60 所示。产生夹渣的主要原因如下：

① 焊丝选择不当，坡口边缘有污物。

② 焊接过程中火焰能量控制得过小，使熔池金属和熔渣受热不足，造成熔池金属流动性差，熔渣浮不上来。

③ 熔池金属冷却速度过快，使熔渣尚未浮出焊缝就已凝固。

④ 焊丝和焊嘴角度不正确等。

4）气孔。熔池中的气泡在熔融金属凝固前，未能及时逸出，使之残留在焊缝中而形成的空穴，称为气孔，如图 5-61 所示。产生气孔的主要原因如下：

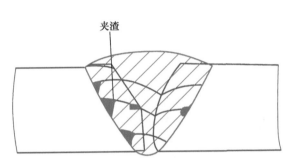

图 5-60　夹渣缺陷

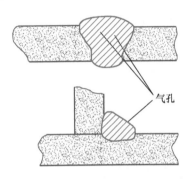

图 5-61　气孔缺陷

① 焊丝和焊剂选择不正确。

② 焊前未彻底清除坡口两侧的油污、锈迹和其他污物。

③ 施焊过程中添加焊丝时要均匀，焊嘴和焊丝的横向摆动要一致且不能过快。

④ 焊接的速度不均匀。

⑤ 在焊接结束或中途停顿时，应缓慢撤离焊接火焰，防止熔池冷却速度过快，从而让气体充分逸出。

5）裂纹。在焊接应力及其他致脆因素作用下，使焊缝局部金属结合力遭到破坏，从而形成新的金属界面并表现为焊接裂纹，如图 5-62 所示。产生裂纹的主要原因如下：

① 焊接时应避免出现凹坑，在气温较低场所焊接或中途停顿时，应注意填满凹坑并将火焰缓慢离开。

② 焊前预热，这样有利于加速焊缝中氢的向外扩散，同时也起到降低焊接应力，有效避免裂纹的作用。

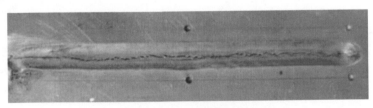

图 5-62　裂纹缺陷

第六章
钣金件修复技巧

第一节 汽车车身修复技巧和方法

一 车身伤痕的修复技巧

由于汽车磕磕碰碰，给车身带来大大小小的伤痕。无论伤痕大小都会给车身漆面造成不同程度的损伤，这种伤痕主要有线状伤痕、点状伤痕、片状伤痕。车身伤痕的修复方法主要应根据车身的损伤情况确定。

学习提示：

1）车有伤痕，最好的修复方法是在伤痕部分填上与车身颜色相同的镀膜剂。镀膜剂可涂多次，次数越多，伤痕会去除得越干净。

2）伤痕如果只是刮伤了表漆，应立即用混合剂处理，擦拭方法为直线擦拭。伤痕消失后，用更细的混合剂擦拭之后再打上蜡。

3）刮伤较深的伤痕，重点是观察是否露出金属面，如果看不到金属面就不会生锈，可以专心地用修补笔补漆。用笔尖点漆涂上去，然后等漆完全干。

4）很深但细长的伤痕，可以用彩色腻子修补。伤痕处用砂纸打磨，不要随便将伤痕面扩大，重要的是将脏污清除干净。腻子要仔细地涂抹，使之完全进入凹痕内部。最后涂上混合剂，上蜡，结束工作。

（1）细小伤痕修复

如果发现车身有细小伤痕，可用抛光剂处理（图6-1），以直线方式擦拭，待划痕消失后打上蜡。

（2）一般伤痕修复

车身伤痕只在表面，没有露出车身金属就不会氧化生锈。可用修补笔的笔尖一点一点将表面漆涂上，如图6-2所示。当漆面干后用抛光蜡抛光即可。

（3）较深伤痕修复

车身出现较深伤痕并且能看到车身金属生锈，

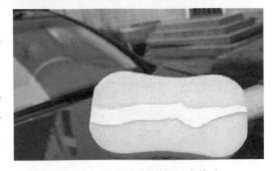

图6-1 用抛光剂修复细小伤痕

修复时首先应进行除锈，然后涂上防锈漆，待漆干后填补腻子使腻子完全进入伤痕内部，如图6-3所示。最后，涂上表面漆、上蜡、抛光即可完成。

图6-2 用修补笔修复伤痕

图6-3 用防锈漆和腻子修复较深伤痕

一 车身凹凸的修补技巧

对于车身凹凸性损伤，可采用锤击法或顶拉法修复。对于较小的车身凹凸性损伤，可把垫铁垫在凹处最低部位的背面，用锤敲击，并相应改变垫铁位置。当凸起处基本敲平，凹陷部位由于垫铁的反作用力，也会大部分回复。然后，观察钣金件的总体平顺情况，有针对性地做一些细微的修整，即可使车身凹凸损伤修复。较大的凹陷，可用垫板垫在凹陷部的背面，用撑顶工具直接顶起。为减少顶出力，必要时可把凹陷部位加热至暗红色。顶出时应考虑回弹问题。如表面有较大的延展性凸起，可使延展处金属适当收缩，如损伤部位难以放进垫铁，可在凹陷部位钻孔，孔数尽可能少，孔径尽可能小，然后用钢丝折成钩形，从孔内扣牢，再施以外力拉伸，待合乎要求时，抽出钢丝，再将焊孔磨平。下面以左前车门凹凸为例说明操作方法。

1）左前车门凹凸修复前（图6-4）。

2）在车内拆开左前车门内饰板（图6-5）。

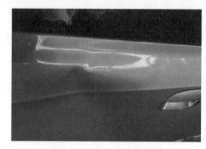

图6-4　车门凹凸位置

图6-5　拆车门内饰扳

3）用修复工具从车窗伸入（图6-6）。

4）小心地一步步顶出凹陷，直到其恢复原样为止（图6-7）。

图6-6　伸入修复工具

图6-7　顶出凹陷

二 撑拉法修复技巧

车身框架、梁和柱的变形，可用撑拉法校正，撑拉作用力的方向应与变形力的方向相反。撑拉法是支撑法和拉拔法的简称。

用撑拉法校正车身框架、梁和柱时，应在车身钣金件与撑拉工具接触处垫上垫板，以免造成新的损伤。

（1）支撑法（图 6-8）

如车顶右前角受撞击后下塌，造成右门框和风窗框右前角变形，车门不能闭合，此车框架变形的重点在车门框右上角处。用撑顶器顶在门框右上角和左下角之间，转动手柄，使两端螺杆伸长，随着撑顶器螺杆的伸长，车顶右上角逐渐上升，风窗框也相应复位，门框也可逐渐复原。

（2）拉拔法（图 6-9）

如车头受撞击，造成前骨架内凹，此时可用手动起重器，一端固定在前骨架受损处，另一端固定在坚固的柱、壁上，拉动导链，使铁链拉直，前骨架凹陷处将逐渐复位。

图 6-8　支撑法修复技巧　　　　　图 6-9　拉拔法修复技巧

四　车身锈蚀的修理技巧

由于车身钣金件油漆的脱落或受水蒸气的侵蚀，破坏了车身内外表面防护层，会使车身逐渐锈蚀。对于此类损坏的修理方法，首先用钢丝刷（或砂纸）将损坏部位的漆面除掉，再根据损坏程度决定是更换整块钣金件，还是修复损坏部分。如果损坏比较严重，最好进行整块更换。如果损坏较轻，则需将该部位挖去，以相应的更新件，用焊接的方法镶补修复，即运用挖补技术修复车身锈蚀。

（1）挖补技术的优点

挖补工艺是车身钣金维修作业中最基本的工艺之一，它具有以下优点：

1）挖补后的钣金件形状准确，质量较高。

2）不易积存泥水，不会很快锈蚀，使用寿命长。

3）焊缝接口平整，校正方便。

4）整个构件表面光洁，便于两面喷涂油漆。

5）对由应力集中引起的钣金件损伤，挖补后能消除或部分消除应力。

（2）挖补技术的一般工艺步骤

1）根据损伤程度确定挖补范围（图 6-10）。钣金件的锈蚀损坏主要发生在钣金边缘转折部位，或是两块钣金件的接合部位，这些部位易于积存泥水或造成应力集中。修理前，先检查

图 6-10　损伤程度确定

钣金件的损坏部位及程度，确定挖补的范围，具体原则如下：

①在确保有效去除锈蚀部位的前提下，挖补范围尽可能缩小，以便减少焊接变形。

②在挖补部位的切除线之间，避免有尖角存在，应以圆弧曲线过渡，防止尖角处应力集中，导致产生裂纹。

③为方便焊接及校正，切除部位的切除线，应避开加强板和棱筋线。若无法避开这些部位，则需扩大挖补范围。

④在条件许可时，挖补部位应考虑焊接、校正的方便性。

2）按挖补范围制作下料件（图6-11）。对于构件几何形状较复杂，几何制图又较麻烦的，可在构件上制出下料件样板。形状较简单且又规律的构件，可直接在板料上划线，然后切割。若镶补件边缘有折边、卷边的，切割时需留出加工余量。

3）加工成形（图6-12）。将下料件，按有关钣金成形的加工工艺制成镶补件，使之与待切除部位表面形状完全吻合。当镶补件部位的边缘有折边或卷边时，先制成所需的几何形状，再折边或卷边。对于几何形状较复杂，且不易与原部位吻合的部件，可先放出加工余量，待焊接校正后，再按原构件的形状进行折边或卷边。

图6-11　切割下料件

图6-12　制作镶补件

4）切除损伤部位（图6-13）。将镶边补件按原定位置贴靠、夹紧，划出切除部位边缘线，为挖补时对位与划线做准备。若切除范围较大，可先用焊炬或割炬沿切除线内的较小范围进行切割，再用钣金剪沿切除线剪切，最后用锉刀修正切除线，修正后，镶补件与切除线之间的间隙不大于1mm，避免焊接时产生收缩变形。

5）焊接（图6-14）。先在对接好的缝口，按30mm左右间距进行定位焊接镶补件，经过1次敲击整平后，再顺次施焊。施焊时，焊接方向由内向外，从右向左，分段进行焊接。焊接时优先采用CO_2气体保护焊。

图6-13　切除损伤部位

图6-14　CO_2气体保护焊焊接镶补件

6）整平焊缝（图6-15）。用钣金锤敲击整平焊缝，以消除焊缝及四周的焊接应力。

7）修磨平镶补件（图 6-16）。用磨光机将焊接的镶补件修磨平。

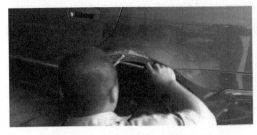
图 6-15　钣金锤敲击整平焊缝

图 6-16　修磨平镶补件

（3）挖补技术的要求

1）修复后的钣金件应恢复原来的几何形状和尺寸。并准确定出连接螺栓孔的位置，防止螺栓孔错位，无法安装修复后的钣金件。

2）挖补修理后的钣金件应表面平整，圆弧过渡光滑，焊缝牢固，无假焊、脱焊、漏焊和气孔等现象。

3）修复后的钣金件必须保持原构件的刚度和强度。

4）制成的镶补材料应与原构件材料的厚度和成分相一致。

5）对几何形状复杂的构件，在挖补前先制作标准样板，并在修理过程中随时用样板检验。

6）挖补范围不宜超过整个构件面积的 1/3，若超过 1/3，则应更换构件。

五　填充填料和重新喷漆

钣金修理后要进行车身涂装，轿车车身涂装的主要目的是表面美观，并且涂装还能起到防锈和防腐蚀的作用。车身表面质量的好坏直接影响到涂装质量，因此在喷涂面漆之前要涂底漆和填料，以得到光洁表面，而后涂施中间层涂料，再进行漆面喷涂和喷涂罩光漆。具体工序如下。

（1）基底处理

基底处理主要包括清除旧漆膜、涂底漆和填充填料（图 6-17）。旧漆膜影响表面涂层质量，必须耐心细致地清除干净。然后，在裸露的钣金件表面涂一层防锈漆，而后填充填料与涂底漆交替进行。车身用填料一般是化工材料与无机填料的混合物，具有附着力强的特点。填料与底漆或金属表面粘接在一起，一般不会脱落，干燥后质地也比较坚硬，不易变形。对于凹坑或锈孔、裂口，修补后就可进行表面填充填料。填充填料时应沿车身曲面刮平，且与涂底漆交替进行，直到填料平面与车身其他部分刚好平齐，等填料硬结

图 6-17　填充填料

后，用刨刀或锉刀将多余部分剔掉，然后由粗到细用砂纸反复打磨。打磨时，砂纸应裹在一扁平的橡胶垫或木块上，以保证磨出较高的平面度。修整好的表面应光洁。表面光洁"坑"的周围是一圈裸金属，再向外面是好漆的毛边。用水清洗修理部分，将尘粒全部清除掉，就可以进行下一步了。

（2）喷涂中间层油漆

为了使旧漆膜与面漆紧密结合，如旧漆不能完全清除或部分补漆，可喷涂中间层油漆（即底漆）。此时，填料表面不完美处就显露出来了。然后，用新填料或切削膏修理不完美处，再用砂纸打磨（图6-18）。然后再喷涂底漆，再进行修补，打磨。上述工作可重复进行2～3次，每次喷涂后，要进行干燥，表面干燥后才能进行打磨，直到获得满意的光滑表面。

图 6-18　中间层处理

（3）喷涂面漆

喷涂面漆是车身修复的最后工序，必须耐心细致地进行（图6-19）。喷漆前必须进行表面清洁处理，得到无油、无水、无灰尘和无异物的表面。喷漆必须在温暖、干燥、无人、无尘的大气中进行。因此，在室外作业时应选好天气，在室内作业时，可人为创造这种环境。

喷漆前，还应用胶带纸或报纸将修理部位以外的部分车体遮上，车身附属设备（如车门柄）也应遮上。对于整车喷漆，漆的颜色应调成

图 6-19　喷涂面漆处理技巧

原来的颜色，但略有差别也是允许的。对于部分补漆，就要求颜色必须与原来的完全一致，有的高级和中高级轿车为了车身损坏后的补漆，备有与原车颜色相同的油漆，可在喷漆前，将漆桶用力摇晃，然后在修理部分一薄层一薄层地喷上一层厚漆，并比较与原漆颜色的差异。干燥后用砂纸浸水打毛，然后再喷外层，喷外层时也是一薄层一薄层地喷，由修理部分的中央喷起，然后以圆周运动的方式向外喷，直到修理部分及周围25mm左右范围都被喷上。喷完后10～15min，可将遮盖物取下。

当无原车油漆时，必须调制与原车颜色完全一致的油漆。较好的车身修理厂一般备有电脑分色机或计量调色机，用电脑将原漆颜色分成三原色或常用五色，然后按照成分比例调制油漆，调制好的油漆应先试喷，与原色相一致方能使用，如有差别，应重新调对。新漆喷好后，应放置两周让其硬结，然后用油漆复新剂或精制切削膏修补部分漆边，使新漆与旧漆融为一体。好的油漆表面应有一定的漆膜厚度和尽可能高的车身外观光泽度。为了更加光泽和美观还可进行车身表面打蜡处理。

车身的涂装工艺技术性非常高，不是任何人都能做得好的。但只要工作细致，严格按照工艺流程办事，做好车身修复工作也并不难。

第二节 车身表面凹坑的检查与修复

一、车身凹坑的检查

在汽车使用过程中，由于多种原因会在车身表面上造成坑、包、划伤、裂纹、褶皱、拉延、压痕等各种缺陷。由于车身表面的坑、包缺陷属于常见缺陷并且不容易检查出来，所以必须采取相关的方法进行检查。下面具体介绍一下各类坑、包的检查方法。

（1）目视检查

通过人的双眼直接发现车身凹坑的位置及类型，这种检查方法容易、快捷，但需要有丰富的实际生产经验。通常是利用充足的光线，采取一定的角度，对车身各部位进行仔细观察。

由于车身表面感光度比较差，对于一些小凹坑用目视检查难度比较大，必须借助喷漆灯进行照明检查。在喷漆灯光的折射作用下，很容易发现这种坑、包，如图6-20所示。

（2）手感检查

手感检查是车身表面检查的一种主要的检查方法。由于车身表面感光度差，一些漆面上的坑、包很难用目视方法检查出来。利用手掌的灵敏度触摸车身表面可以发现这些坑、包，如图6-21所示。

手感检查主要是用手掌放平，四指并拢，将手放在需要检查的部位。手掌要和车身表面贴合，用适当的力在贴合面上往返运行。摸到凹凸处时会有异样的感觉。

图6-20 目视检查车身凹坑

图6-21 手感检查车身凹坑

（3）油石检查

如图6-22所示，油石可以准确检查出车身表面件上坑、包缺陷位置及大小，以及检查修复过程中缺陷变化的情况。油石的使用方法如下：

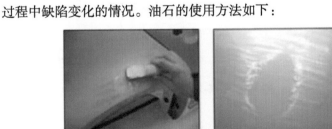

图6-22 油石滑过的表面出现的坑、包缺陷

1）使用时首先要清除油石及表面件的油污和杂质。

2）油石在运行过程中，应注意要与表面件紧密贴合，运行力度要均匀适中，不要用力过大，作用力要均匀分布在油石作用面上，不可倾斜一侧。

3）油石检查过程中，发生异响时要马上停止工作，用纱布清除其表面杂质或铁屑后，重新使用。

4）在检查弧面时，要把油石倾斜一定角度，角度的大小与弧面的弧度有关，弧度越大，倾斜的角度越大。

5）油石在车身的表面上每次运行的痕迹宽度要超过油石宽度的一半以上，调整油石与运行方向的角度，可以增加运行面积的宽度。

6）油石检查弧面后一定要用手感重新检查，手感发现异常处是油石检不到的缺陷（油石在一定弧面上或弧面缺陷比较大时检查不到）。

7）油石在检查时，运行的距离与检查的位置有关，行程要保持一定长度，不可过长或过短。通过油石在车身表面滑过时产生的痕迹来显示表面的实际凹陷和凸起状况，油石磨痕在车身表面形成突出的亮点即为凸起包，油石磨痕在车身表面断续的部分即为凹陷坑。

一 车身表面小坑的修复

（1）小坑特点

小坑是车身钣金件缺陷中较为常见的缺陷，主要指那种面积不大，深度也比较浅的坑。如图6-23所示，相比其他类型的缺陷，小坑的消除也较为容易。

（2）小坑顶起操作

1）首先根据小坑所处的位置，选择形状、大小合适的小型撬棍。

2）将撬棍伸入车身内，微微用力在外板内侧来回轻轻滑动，力量的大小以不使钣金件产生凸起变形，而在外面又能看到撬棍头部滑动的位置为准，注意观察撬棍头部的位置，逐渐将撬棍头部对准小坑的最低点，然后向上顶起，如图6-24所示。

3）顶起时目视小坑顶起的幅度，当凸出部分刚刚超过钣金基准面时停止用力。用撬棍顶起坑的这项技术是钣金修复法最快捷、有效的技术之一，操作时要求着点准确，力量恰当。

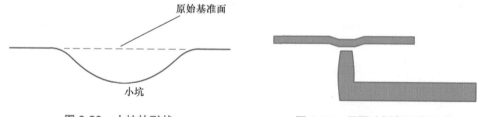

图6-23 小坑的形状　　　　　　　图6-24 用圆头撬棍顶起小坑

（3）拔坑器拔起小坑操作

对于一些在撬棍顶不到位置的缺陷，如车身上双层板或多层板的部位，可以采用拔坑器修复（以电焊拔坑器为例），其优点是不用破坏内板，快捷简便；缺点是电弧容易造成较深的焊接连接点的痕迹，不易去除。所以，操作时一定要注意避免焊接痕迹的产生。修复凹坑时，注意根据小坑的位置、大小、钣金件的薄厚选择合适的电流。若电流过小，则电极头与金属板粘接不上。若电流过大，易产生击穿或产生较深的焊接痕迹。具体操作如下：

1）操作前，检查电极头是否清洁，清除氧化层。若不清除氧化层，则会产生焊接不良，焊点无法承受将坑拉起的拉力。对小坑表面也要进行清洁，防止因油污发生焊接缺点。

2）将拔坑器的地线搭接在缺陷工件非表面的位置，注意一定要导电良好。将拔坑器的电极头保持垂直状态顶在小坑的中心位置上，按下按钮接通电流，使电极头焊接到金属表面，如图6-25所示。

图6-25　拔坑器将小坑拔起

3）用合适的力度延垂直方向缓慢将小坑拔起至略高于基准面，然后沿轴线方向旋转，使电极头脱离金属板（此时如果脱离轴线，将会导致焊接处变形）。

三　车身表面漫坑的修复

（1）漫坑特点

漫坑通常指坑的面积比较大，但不是很明显而且没有死点的坑，一般是在车身调整过程中引起的，如图6-26所示。

（2）变形撬棍顶起漫坑操作

修复漫坑时，根据坑的形状采用不同的方法进行修复（图6-27）。当漫坑为圆形时，要从中间向周围分散修复，顶起时采用交错梅花点的点位修复，如果从周围向中间修复，修复到最后中间点的位置容易产生因应力造成的死点。当漫坑为长条状时，修复时首先要定准基准面，修复时保持与基准面一致。通常选用扁形头撬棍修复，用力要适当，受力点要均匀。也可以用拔坑器在车身上采用多点焊接铜焊丝修复。

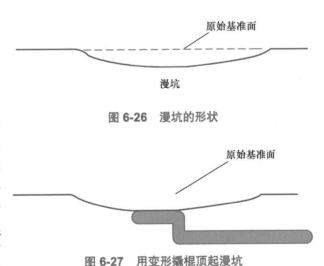

图6-26　漫坑的形状

图6-27　用变形撬棍顶起漫坑

（3）校正漫坑操作

无论用撬棍还是拔坑器修复，要点都相同，漫坑在修复时，需要多次用力顶坑（或拉拔）。采用顶坑的方式时，先顶坑的最深处，顶起的幅度不要过大；然后再选择坑的新最深处；依次逐渐地将漫坑处恢复到原尺寸状态，如图6-28所示。

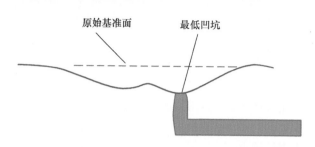

图 6-28　用圆形撬棍头顶在最低凹坑

　　注意： 每次顶坑时不能用力过大，力量足够顶起即可，否则易造成该区域钣金出现不规则的波浪形，高高低低，像起伏的山脉，坑没有消除，又出了包，金属板材承受多次反复高低变形，板材晶体发生较大的损伤，难以修复。

四　车身表面死点坑的修复

　　（1）死点坑特点

　　通常面积较小且较深，底部尖的坑，称之为死点坑，如图 6-29 所示。修复时如方法不当，会使修复面积越来越大，或在死点处修漏，此类坑修磨不良，会产生待修件报废。

　　（2）圆形撬棍头顶死点坑操作

　　对于死点坑采用撬棍修复，根据死点坑的具体情况选择不同型号的撬棍头部尖角。顶坑时，撬棍头部顶住坑底部的最低点，也就是尖部，如图 6-30 所示。

　　（3）校正死点坑操作

图 6-29　死点坑的形状

　　坑尖处隆起后，有时周边会出现凹坑，需要再顶周边的坑，如图 6-31 所示。依次下去，每次顶坑幅度不要过大。最后，恢复到原始设计尺寸即可。

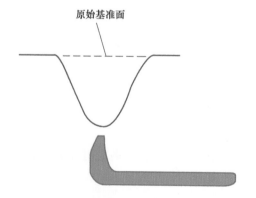

图 6-30　用圆形撬棍头顶在死点坑最低点

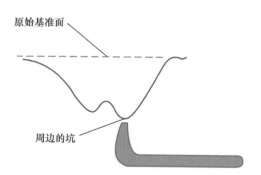

图 6-31　用圆形撬棍头顶周边的坑

五　车身表面小包的修复

（1）小包特点

与原始基准面相比，凸起较小，无尖点，头部较圆滑的包称为小包，如图 6-32 所示。

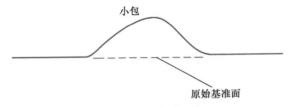

图 6-32　小包的形状

（2）垫铁修复小包操作

如图 6-33 所示，将垫铁垫在小包钣金件的底部，再用钣金锤敲击包的顶部，把包敲击至与原始基准面相一致，但在敲击过程中，不要使钣金件产生塑性变形及硬化现象。

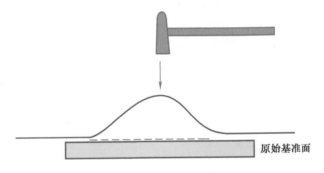

图 6-33　钣金锤敲击包的顶部

（3）冲子修复小包操作

如图 6-34 所示，将冲子顶在包的顶部，用撬棍把或拍板敲击冲子顶端，在敲击过程中，敲击力度要由轻变重，最后使小包逐渐消失。

图 6-34　用冲子将小包敲平

六　车身表面漫包的修复

（1）漫包特点

面积较大，无尖点，起伏弧度较大的包称为漫包，如图 6-35 所示。

（2）尼龙板修复漫包操作

在漫包的修复过程中，通常采用尼龙板、尼龙冲子、钣金小尼龙锤、垫铁和一些打磨工具。如图 6-36 所示，由于漫包的

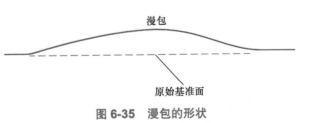

图 6-35　漫包的形状

起伏面积较大，可以将尼龙板置于包的顶部，用小尼龙锤轻轻敲击尼龙板，尼龙板宽度的选择需要根据包的面积大小来确定。包的面积较大，选择板的宽度就大一些；反之，板的宽度就小一些。敲击时，板的宽度过大，容易造成钣金件漫包及其周边整体下降，形成大坑；钣金件宽度过小，容易产生多个长条坑，形成钣金波浪。

（3）校正漫包操作

第一次敲击后，包顶部略低于周边而高于钣金件基准面时，应该在另一个后形成的小包处（此小包与其他处相比为最高点）采用尼龙垫板配合小尼龙锤进行敲击，如图6-37所示。依次敲击下去，直至漫包表面平整。但要注意随着包的面积的减小，合理更换小型垫板。

图6-36　用尼龙板将漫包敲平

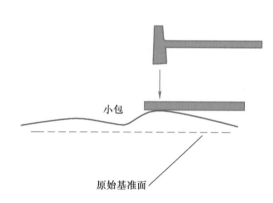

图6-37　尼龙板校正漫包

七　车身表面尖包的修复

（1）尖包特点

与周围的基准面相比有一个较明显的凸起，凸起的面积小且有尖点，称为尖包，如图6-38所示。

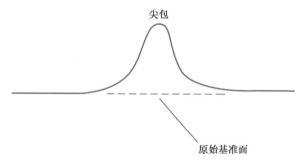

图6-38　尖包的形状

（2）尼龙棒尖修复尖包操作

如图6-39所示，将尼龙棒尖对准尖包的包尖，用小尼龙锤敲击尼龙棒端部，尖包的尖部下降后，会带动周围部分凹陷下去。

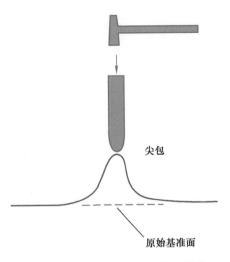

图 6-39 尼龙棒尖修复尖包操作

（3）校正尖包操作

不要去顾及凹陷的部位，要继续对尖包的顶部进行敲击，如图 6-40 所示，直至尖包恢复到与周围的基准面一致。

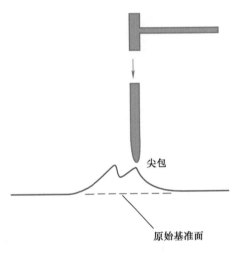

图 6-40 重复性敲击校正尖包

第七章
车身覆盖件的修复

第一节 车身覆盖件的修复概述

一 车身覆盖件结构特点

车身覆盖件根据在车身上的位置可分为车身前部覆盖件、车身中部覆盖件和车身后部覆盖件，如图7-1所示。车身覆盖件一般由双层钢板组成，外侧的钢板称为外板，内侧的钢板称为内板。因内外板中部为空心，边缘点焊连接，所以刚度较大，内外板组合式车身覆盖件对加工工艺要求较高，成本较高，但适用各种复杂造型，且重量轻。内外板组合式车身适于大规模生产，现代轿车车身覆盖件基本都采用内外板组合式结构。

图7-1 车身覆盖件

一 车身覆盖件的修复方法

车身覆盖件的损坏大部分表现为车身表面凹凸性变形，一般可采用锤击法（图7-2）或顶拉法修复。车身覆盖件的损坏主要分为较小的车身凹凸性变形和较大的车身凹凸性变形。

1）较小的凹陷可把垫铁垫在凹处最低部位的背面，用锤子敲击凸起处，并相应改变垫铁位置。当凸起处基本敲平，凹陷部位由于垫铁的反作用力，也会大部分恢复。然后，观察钣金件的总体平顺情况，有针对性地做一些细微的修整，即可使车身凹凸损伤修复。

2）较大的凹陷，可用垫板垫在凹陷部的背面，用撑顶工具直接顶起，为减少顶出力，必要时可把凹陷部位加热至暗红色，顶出时应考虑回弹。如表面有较大的延展性凸起，可使延展处金属适当收缩，如损伤部位难以放进垫铁，可在凹陷部位钻孔，孔数尽可能少，孔径尽可能小，然后用铁丝折成钩形，从孔内扣牢，再施以外力拉伸，待合乎要求时，抽出铁丝，焊孔磨平。

图7-2 锤击法修复车身覆盖件

第二节 车身覆盖件修复技能

一 敲击整形修复钣金件

（1）敲击整形修复的特点

如图7-3所示，敲击整形修复钣金件主要针对凸起的部分进行整形。敲击的关键在于落点的选择，一般应遵循"先大后小、先强后弱"的原则，从变形较大处起敲，顺序敲打，并保证锤头以平面落在金属表面上。同时还要注意分析构件的结构强度，有序排列钣金锤的落点，锤击过程中应保证间隔均匀、排列有序，直至将车身覆盖件的表面变形修平。

图7-3 敲击整形操作示意

（2）敲击整形修复方法

1）顶铁修复方法。车身壁板表面发生的凹凸变形均可用顶铁予以修整，应将顶铁放在受损钣金件的内圆，用锤击方法对其施加压力而使其抵在金属钣金件的内表面上，如图7-4所示。敲击时顶铁起到了铁砧的作用。

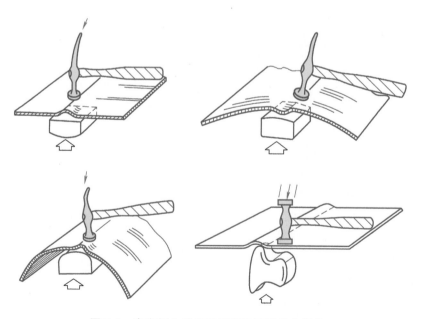

图7-4 车身钣金件各种形状变形的修复操作

2）钣金锤的修复方法。大多数钣金锤端部都有稍微的曲面，所以钣金锤端部与金属钣金件的实际接触面积大约只有直径为 10 ~ 13mm 的面积，因此，应根据构件表面形状、金属钣金件厚度，以及变形的大小，来合理选择钣金锤的尺寸和锤顶曲面的隆起高度，如图 7-5 所示。

一般平面或稍许曲面的钣金锤适合于修复平面或低幅度隆起表面；凹形或球形钣金锤则适合修复内边曲面钣金件；重锤则适用于粗加工或厚结构性钣金件的修复。

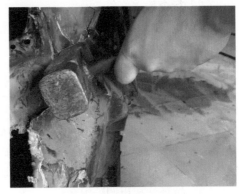

图 7-5　钣金锤修复操作

二　拉出凹陷整形修复钣金件

拉出凹陷整形修复钣金件常见的定位方式有两种，一种是钻孔法；另一种是拉环法。拉出凹陷整形修复在车身维修行业被广泛应用，具体包括以下部位修复。

（1）发动机盖修复

发动机盖修复比较简单，可根据情况拆掉隔热层或刮去黏合胶或打孔即可修复，需注意的是打孔的位置要选择在隐蔽部位。

（2）前翼子板修复

前翼子板修复一般是通过卸下前照明灯、轮胎上面的挡泥板、侧小灯就可修复。也可在前翼子板后端的孔隙进行修复，个别情况允许将前翼子板上部的固定螺钉卸下，再用三角木支撑出空隙进行修复。

（3）车顶修复

车顶修复时要根据凹陷情况，可全部卸下车顶内饰，也可只卸下局部的车顶内饰扣，原则是实现工具可到达并可无障碍操作的情况即可，尽量减少拆卸。

（4）前车门修复

前车门修复时，一般情况下不必拆卸整个前车门，只需将车门玻璃降下就可修复。如果凹陷在加强筋里，或在车门下部边缘，就需要拆卸车门内饰板进行修复，也可通过车门下部的排水孔进行修复。如果在上部的加强筋里，可将车门玻璃外部的防尘条卸下，通过加强筋上的自然孔进行修复。如果没有自然孔，需将车门内饰板卸下，然后从加强筋下部边缘进行修复。个别车型也需要将车门上部的双层分开进行修复。如果凹陷在车门的前部，需将车门拆下在修复架上修复，也可通过穿线孔修复。

（5）后车门修复

后车门修复比较方便，除了通过修复前门时的途径之外，还可通过后门前端的穿线孔进行修复。一般情况不必将车门整个卸下即可修复。

（6）后翼子板修复

后翼子板修复时，一般情况只需将后尾灯卸下即可修复，如果凹陷在轮眉边缘时需要将轮胎卸下，在轮胎上面的护板里面开孔进行修复，开孔时一定要把握好开孔器的力度，因为轮眉边缘部位外部钣金件与内部钣金件距离比较近，不可将内部钣金件也打穿。如果凹陷在后翼子板的上部及后车窗玻璃两端时，可将后车窗玻璃两边的内饰板卸下，通过内饰扣孔进行修复。

（7）行李舱盖修复

行李舱盖修复和发动机盖修复基本相同，只是其部位的边角和筋骨比较多，修复时要注意选择工具，力度要适当。

（8）钻孔法拉出凹陷钣金件

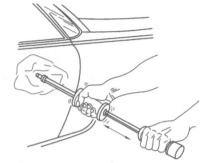

钻孔法即在凹坑处的金属上利用"T"形尖锐螺旋锥，钻入薄板类车身构件，如车门、车顶、翼子板等的凹陷部位，实现滑杆与变形构件的可靠连接。如图7-6所示，将钣金件拉到理想位置后，拆除螺旋锥，用砂纸除掉损坏部分的油漆，补充填料（打腻子）并重新喷漆即可。

（9）拉环法拉出凹陷钣金件

图 7-6　钻孔法拉出凹陷

拉环法就是视钣金件受损面积大小，焊上一定数量的用于连接滑杆的垫圈拉环，凹陷面积较大时，也可以并列焊多个拉环并穿上拉轴，然后用惯性锤使凹坑恢复到理想的位置。最后，应用焊机割除拉环，用角向砂轮将表面修平后，再用砂纸除掉损坏部分的油漆，涂上防锈漆，然后进行填料修补和重新喷漆即可。以行李舱的凹陷为例，实体的拉出方法如下：

① 如图7-7所示，用点焊把众多垫圈焊到凹陷车身上。

② 如图7-8所示，用惯性锤拉拔使变形部位基本复位，然后边观察边拉，直到凹陷基本被拉复位为止。

图 7-7　垫圈焊到凹陷位置

图 7-8　拉拔操作

③ 如图7-9所示，拆下垫圈，若有凸出则敲击，若仍有凹陷，则局部再重新焊接，重新校正。

④ 如图7-10所示，用砂轮机打磨焊接垫圈痕迹，使其恢复平整。

图 7-9　拆下垫圈

图 7-10　打磨焊接痕迹

三 表面收缩整形修复钣金件

（1）表面收缩整形修复特点

对于薄钣金件周边处于拉紧状态而引起的中间隆起，应通过锤击法延展、放松钣金件的周边，不应再敲击凸鼓中部以免变形加大，如图 7-11 所示。

用锤子在四周开始锤击并逐渐向中间移动；其中，锤击边缘时的力度要大、击点要密，随着击点向中心的移动，力度应逐渐减小并使击点逐渐变疏。如此，钣金件就可从四周开始延展、放松，并趋向隆起面的中心，变形自然会被消除。

图 7-11 钣金件的延展修复

（2）表面收缩整形修复翼子板

1）找到车身变形位置，如图 7-12 所示。

2）用合适的锤子敲击凸起部位，如图 7-13 所示。

图 7-12 找到变形位置

图 7-13 敲击凸起部位

3）将变形的部位漆面打磨掉，如图 7-14 所示。

4）继续用锤子将凸起部分整平，如图 7-15 所示。

图 7-14 打磨漆面

图 7-15 敲击凸起部位

5）翼子板凸起基本修平，如图 7-16 所示。

6）如图 7-17 所示，用砂纸打磨周围的漆面，为车身涂装做准备。

图7-16 翼子板修平 　　　　　　　　图7-17 砂纸打磨

钒金件皱褶的展开修复

（1）皱褶的展开修复特点

在钒金件皱褶处，用锤击法施加与撞击力相反方向的力来校正，将皱褶拉展开，使皱褶缓解。锤击钒金件表面时，能使部分钒金件被挤压到凹槽中，形成波浪状而产生金属的堆积，从而将延展的钒金件表面拉紧收缩，凸起变形也随之被消除。

（2）皱褶的展开——修复后翼子板

1）如图7-18所示，找出皱褶的折线，用打磨机将最深处钒金件上的油漆打磨干净。

2）调整焊机到合理焊接参数，焊上垫圈，如图7-19所示。

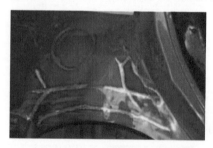

图7-18 皱褶的折线 　　　　　　　图7-19 焊上垫圈

（3）修平皱褶

选择强力拉拔组合工具，安装好后进行拉拔，如图7-20所示。可反复拉拔几次，直到把皱褶展开。然后，用钒金锤敲打拉拔部位周围的钒金件，使其消除应力。松开把手后调整螺杆的长度，重新进行拉拔即可修复。

火焰加热校正修复钒金件

图7-20 拉拔皱褶

（1）火焰加热校正修复特点

火焰加热校正修复是利用金属热胀冷缩的原理使钒金件发生变形，以达到容易校正的目标。

如图 7-21 所示，当利用火焰对车身钣金件迅速加热时，受热点及其周围就会以此为核心向外膨胀，并延伸至一定的范围。距受热点越近，金属的延伸、膨胀量也越大；反之，则延伸、膨胀量越小。然后，用钣金锤进行钣金件变形的校正敲击。

（2）火焰加热校正操作

如图 7-22 所示，适当选择加热收缩区和收缩的顺序，可将多点伸张钣金件收缩到原来的形状。具体步骤如下：

1）用焊枪火焰将最凸或最凹点（伸张中心）加热至樱红色。加热范围的大小与伸张程度有关。伸张程度严重、面积较大时，加热范围直径在 15 ~ 30mm 之间；一般在 7 ~ 15mm 即可。

2）加热后急速敲击红晕区域的周围，并逐渐向加热点的中心包围，迫使金属组织紧缩。敲击时，要用垫铁垫在部件背部，用木锤敲击，冷却后再用铁锤轻轻敲击整平。要注意敲击力量不宜太大，否则已收缩部分会重新变松弛。显然，这一步操作应由两名钣金技师分工合作完成。

3）如果收缩一点不能达到整平的目的，可用同样的方法，在该点周围适当位置进行多点收缩，但此时加热范围要小一些。

4）所有收缩点冷却之后，进行一次全面敲平，敲击力要轻。

图 7-21　火焰加热校正修复钣金件

图 7-22　多点收缩操作

六　无痕修复车身凹陷

（1）吸盘法拉出凹陷钣金件

吸盘是一种真空式吸盘，它利用手拉吸盘时，其吸盘与钣金件凹陷表面间的真空度起吸附作用，从而使凹陷拉平复位，如图 7-23 所示。用吸盘拉起凹陷的方法，免去了其他方法所需的拆装内围板、车内装饰件及钻孔、焊孔等麻烦，并且能可靠地保护表面涂层，也不需要再进行表面修整，是一种简单、方便的凹陷修复方法。

（2）凹陷拔起器修复凹陷

1）使用定影灯观察凹陷的损坏情况，以便制订更好的修复方法。

图 7-23　吸盘法拉出凹陷钣金件

2）确定修复方法后，选择好凹陷修复工具（包含凹陷拔起器及尼龙拔头等），如图 7-24 所示。

3）对凹陷进行观察分析，使用涂胶枪把已经加热的胶小心地涂在尼龙拔头上，然后将涂过胶的尼龙拔头立即粘接在凹陷的中心位置上，同时向下按紧尼龙拔头并停留 2 ~ 5min 左右，使尼龙拔头粘接牢固。尼龙拔头的安装数量根据车身凹陷的面积来确定。

4）如图 7-25 所示，将凹陷拔起器套在尼龙拔头上，然后用适当的力按压凹陷拔起器的手柄使凹陷慢慢地恢复到原始的位置。如果拔的力过大，会使凹陷上拱，此时使用橡胶锤修平整即可。

5）使用残留胶清洗剂喷向凹陷涂胶处，使清洗剂能从胶体的后面渗入，然后小心取下尼龙拔头。

6）使用定影灯观察修复情况，确保完全恢复原始的位置后将其表面清洁干净即可。

图 7-24　凹陷修复工具

图 7-25　修理车身上的凹陷

第八章
车身结构件校正与修复

第一节　车身结构校正概述

一　车身结构件校正原理

　　车身结构件校正原理是利用力的合成、分解、可移性及平行四边形法则，按与车身碰撞力大致相反的方向牵引或顶压变形部位，使损伤的车身结构件得以修复，如图8-1所示。

　　由于车身结构件多属于立体刚架式结构，这就决定了其碰撞时的受力状态多为空间力系。即作用在车身结构件上的冲击力由于力分解的结果，使力的作用线不在同一平面内。因此，许多变形都很难通过一次校正来完成，而是需要不断修正力的大小和方向，有时甚至还要调整校正力的作用点。在车身变形校正时要边校正、边观察、边测量、边调整等步骤。

图8-1　车身结构件校正原理

二　车身结构件校正注意事项

　　1）校正变形前应将与车架装配在一起的有关总成的连接螺栓松开，必要时应当拆下，以免校正过程中形成的相互位移将其损坏。

　　2）由于车身结构件强度较高，固定点、牵引点以及支撑点的布置应尽量合理，以防止结构件受力的应力过于集中。

　　3）对不适宜就车校正的变形，应及时改变修复工艺，不要强行拉伸校正。

　　4）校正完成后，还应检查车身结构件各部的铆钉有无松动，若松动应予以拆除并更换。

第二节　车身结构件校正与修复技能

一　车身大梁拉伸校正与修复

　　（1）降下平台，将事故车辆移上校正仪平台

　　操作方法（图8-2）：

　　1）安装上车斜桥。

　　2）控制气动泵匀速降落校正仪平台。

3）将汽车驶上或推上平台。

4）撤掉上车斜桥。

5）拉紧驻车制动器，并将车轮固定，使车辆停稳在校正仪平台上。

（2）升起平台

操作方法（图8-3）：

1）控制脚踏气动泵，升起平台直到活动支腿完全立起。

2）当平台在升起状态时一定要锁定活动支腿。

3）保证车辆的重心位于工作台架的中间部位，重心偏离中间部位将会导致车辆侧翻。

4）根据车辆损坏的部位（前部损坏或后部损坏），将车辆沿工作台纵向移动，使损坏部位放置在工作台面内，以便于校正操作。

图8-2 事故车辆移上校正平台

图8-3 事故车辆移上校正平台后升起平台

（3）车身固定

操作方法（图8-4）：

对于车身固定至少要固定4个位置，根据车身的结构和拉伸校正的需要，有时还要增加更多的固定点。为使拉伸校正时的车身更加稳固、防止车身变形，并保护焊接点，有时需要另外再找出几处车身固定点。

（4）把塔柱链条与大梁固定连接好，调整拉伸环在合适高度

操作方法（图8-5）：

1）把塔柱的快速接头连接好。

2）选择合适的钣金工具，检查夹具的各部位、螺栓是否有裂痕、变形，并固定在要拉伸的车身部位。

图8-4 校正前车身固定

3）调整拉链长度及角度，使拉链所有链节在一条直线上，严禁扭曲，拉链上最好覆盖保护毯，以免拉链断裂飞出伤人；

4）用钢丝绳保险工具将夹具、拉链和车身固定连接在一起，必要时进行焊接固定，以防止发生危险。

图 8-5　焊接拉伸环

（5）起动液压泵，开始拉伸工作

如图 8-6 所示，当大梁朝外侧偏斜，则应朝前转一角度拉伸，同时要注意监测对角线的变化；如果大梁朝内侧偏斜，则应直接向前拉伸；如果大梁损伤严重，则应在对角线长度正确的点处把横梁和散热器上固定板拆开，分别进行校正。

（6）安装与调试

如图 8-7 所示，对大梁修复后进行试安装发动机，如发现安装位置不对则应再次拉伸校正，直到安装位置合适为止。

图 8-6　车身大梁拉伸校正过程

图 8-7　安装与调试

二　立柱的拉伸校正与修复

（1）拉伸车辆的准备

如图 8-8 所示，根据车身的结构和拉伸校正的需要来确定固定点。为使拉伸校正时的车身更加稳固、防止车身变形，并保护焊接点，有时需要另外再找出几处车身固定点。

（2）立柱底部校正

如图 8-9 所示，先将夹持器或挂钩固定在立柱底部上，然后边拉伸边对车身下部每个尺寸进行检测，确保车身修复到原来规定的尺寸。

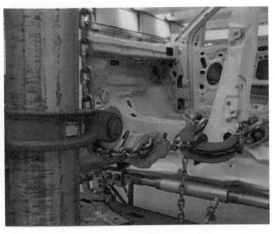

图 8-8　确定固定点　　　　　　　　　　图 8-9　立柱底部校正过程

（3）立柱中部校正

如图 8-10 所示，先将夹持器或挂钩固定在立柱中部上，然后边拉伸边对车身中部每个尺寸进行检测，确保车身修复到规定的尺寸。

（4）立柱上部校正

如图 8-11 所示，先将夹持器或挂钩固定在立柱上部上，然后边拉伸边对车身上部每个尺寸进行检测，避免拉伸过度。

图 8-10　立柱中部校正过程　　　　　　图 8-11　立柱上部校正过程

（5）校正修复后检查

1）检查车门与车门槛之间的空隙，应保持一条又直又窄的缝隙为合格。

2）检查整个车身上部所有部位总的平整情况是否合格，如图 8-12 所示。

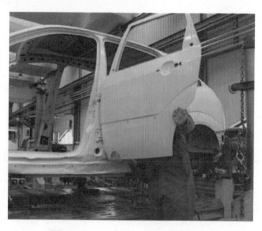

图 8-12　立柱校正后验收工作

三　基座部位拉伸校正与修复

（1）向上拉伸

对于车身垂直向下变形结构件需要向上拉伸，如图 8-13 所示，进行向上拉伸的操作时，车身其他结构件也将受到不同方向的作用力。校正过程中应十分注意部件承受能力，一方面要选择变形开始的过渡点作为支撑点；另一方面还要兼顾其他结构件强度的大小，必要时应采用加垫木块等方法，以减少单位面积上的压力。否则，就有可能造成车身结构件的损坏，而且也达不到校正变形的目的。

（2）向下拉伸

对于车身垂直向上变形结构件需要向下拉伸，如图 8-14 所示，进行向下拉伸的操作时，车身其他结构件也将受到不同方向的作用力。校正过程中应十分注意部件承受能力，一方面要选择变形开始的过渡点作为支撑点；另一方面还要兼顾其他结构件强度的大小，必要时应采用加垫木块等方法，以减少单位面积上的压力。否则，就有可能造成车身结构件的损坏，而且也达不到校正变形的目的。

图 8-13　减振器座向上拉伸校正

图 8-14　加强筋向下拉伸校正

（3）侧边拉伸

如图 8-15 所示，校正时可先用拉链将变形部位拉紧。操作时要反复校正反复测量，避免发生校正过度现象。为了防止损伤支撑或牵引部位的结构件，校正时可在受力部位垫以木块或金属衬垫。

（4）校正后检查

如图 8-16 所示，校正后要对整车进行检查，如开、关车门，开、关发动机盖，开、关行李舱盖，看开关时是否过紧。

图 8-15　减振器座歪斜校正

图 8-16　校正后验收工作

四　横梁部位拉伸校正与修复

1）将车辆固定到移动式校正平台上，如图 8-17 所示。

2）调整车辆水平位置并安装拉链，如图 8-18 所示。

图 8-17　移动式校正平台

图 8-18　安装拉链

3）如图 8-19 所示，根据受力情况进行拉伸并随时调整方向，直到拉回原来位置，最后进行整平即可。

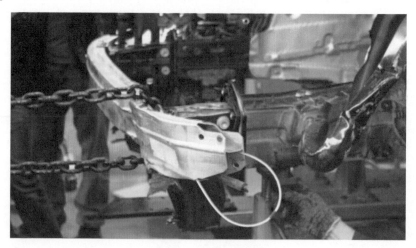

图 8-19 拉伸校正横梁

第九章
车身塑料件的修复

第一节　车身塑料件的概述

一　常用汽车塑料件的类型

（1）酚醛塑料

酚醛塑料具有优良的耐热、耐磨、电绝缘、化学稳定性、尺寸稳定性和抗蠕变性，但较脆，抗冲击能力差，在汽车上用于分电器盖、分火头、水泵密封垫片、制动摩擦片和离合器摩擦片等。

（2）聚苯乙烯

聚苯乙烯有优良的耐蚀、电绝缘、着色及成形性，透光度较好，但耐热、抗冲击能力差，在汽车上用于各种仪表外壳、汽车灯罩和电器零件等。

（3）低压聚乙烯

低压聚乙烯具有强度较高，耐高温、耐磨、耐蚀及电绝缘性好。在汽车上用于汽油箱、挡泥板、手柄、风窗嵌条、内锁按钮和轿车保险杠等。

（4）聚酰胺（尼龙）

聚酰胺具有韧性好、耐磨、耐疲劳、耐水等综合性能，但吸水性大，尺寸稳定性差。在汽车上用于车窗摇手、风扇叶片、里程表齿轮、输油管、球头碗和衬套等。

（5）聚甲醛

聚甲醛具有优良的综合力学性能，尺寸稳定性好，耐油、耐磨、电绝缘性好，吸水性小。在汽车上用于万向节轴承、半轴和行星齿轮垫片、汽油泵壳、转向节衬套等。

（6）聚四氟乙烯

聚四氟乙烯具有极强的耐蚀性，良好的化学稳定性、耐低温性、电绝缘性，摩擦系数小。在汽车上用于各种密封圈、垫片等。

（7）聚苯醚

聚苯醚具有很宽的使用温度范围，耐磨性好、抗冲击及电绝缘性能，有良好的力学性能，耐高温、耐腐蚀。在汽车上用于小型齿轮、轴承和水泵零件等。

（8）聚酰亚胺

聚酰亚胺具有耐磨性能好，化学性能稳定。在汽车上用于密封圈，冷却系密封垫等。

（9）聚氨酯泡沫塑料

聚氨酯泡沫塑料具有相对密度小、质轻、强度高、导热系数小、耐油、耐寒，减振和隔声效果好。在汽车上用于汽车内饰材料、坐垫、仪表板、扶手和头枕等。

（10）聚氯乙烯泡沫塑料

聚氯乙烯泡沫塑料具有相对密度小、导热系数小、隔热减振效果好。在汽车上用于各种内装饰覆盖件、密封条、垫条和驾驶室地毯等。

（11）ABS

ABS具有较高的抗冲击性能，良好的强度、耐磨性、化学稳定性和耐寒性，吸水性小。在汽车上用于转向盘、仪表板总成、挡泥板、行李舱等。

（12）有机玻璃

有机玻璃具有高透明度，耐蚀、电绝缘性能好，有较好的力学性能，但耐磨性差。在汽车上用于油尺、遮阳板和后灯灯罩等耐磨、减摩零件。

一 常用汽车塑料件的鉴别

在对汽车塑料件进行维修前，必须明确需要维修的塑料件的类型，进而决定维修方法。识别未知塑料件类型的方法主要有4种，具体如下。

（1）编号识别法

如图9-1所示，塑料件可以通过压印在零部件上的国际标准符号或ISO码进行识别（许多制造商使用这些符号，符号或缩略语印制在零部件背面的一个椭圆标记内），必须拆下零件才能读取这些符号。如果无法用符号确定塑料件，可以通过车身维修手册查找车辆所用的塑料件的信息（一般车身维修手册均会列出专用的塑料种类）。

图9-1 汽车塑料国际标准符号

（2）燃烧测试法

通过燃烧塑料件时产生的火焰和烟来确定塑料的种类。但是，现在许多塑料件使用含有多种成分的复合塑料，在这种情况下，燃烧测试则不能确定塑料的种类。此外，燃烧塑料会对环境造成污染，因此一般不建议使用此方法。

图9-2 粘接测试法

（3）粘接测试法

进行焊条粘接测试或用试凑法在零部件的隐蔽部位或损坏部位进行焊接测试，如图9-2所示。试用不同的焊条，直到发现一种焊条能够粘接在塑料件上，也就确定了塑料的基本材料。

（4）挠性测试法

如图9-3所示，用手弯曲塑料件，与塑料件样本的挠性进行比较，然后确定最符合基本材料特性的塑料种类。一般热固性塑料在弯折后不能完全恢复形状，而热

图9-3 挠性测试法

塑性塑料弹性大较容易恢复形状。

第二节 车身塑料件的修复技能

一 塑料件的焊接技能

（1）塑料焊枪原理

塑料钣金件焊接采用塑料焊枪，这种焊枪采用陶瓷或不锈钢电热元件来产生热风，热风的温度为230~340℃，如图9-4所示。热风通过焊嘴吹到塑料钣金件及焊条上，使其软化，将加热后熔化的塑料棒压入接缝即可，在焊接过程中，塑料的收缩量较金属大，所以在焊接时应多留焊接余量。

（2）塑料焊枪操作

1）操作前检查塑料焊枪焊嘴及枪身螺钉是否松动或脱落，电源线是否完好。然后，将塑料焊枪机接到220V的电源上，如图9-5所示。

图9-4 塑料焊枪

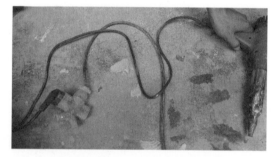

图9-5 塑料焊枪接220V电源

2）使用塑料焊枪时必须轻拿轻放，以免碰坏焊枪内的耐热陶瓷条。

3）焊接过程中注意焊嘴以及枪头部位不要过于靠近人体、衣物以及塑料焊枪电源线，以免烫伤和烧熔电源线。

4）严禁把塑料焊枪用为电吹风等其他用途。

5）必须根据塑料钣金件的厚薄和塑料焊枪功率的大小，随时调稳压器，确保在230~340℃之间的工作温度，严禁将塑料焊枪管烧得过热。

6）焊接过程中，如塑料焊枪出现异常的响声等现象，应立即关闭或切断电源。塑料焊枪操作示意图，如图9-6所示。

7）焊接完毕时，必须按照正确的操作顺序进行关闭。把塑料焊枪轻放于工作台上，避免枪头与塑料钣金件及电源线接触。将调压器调到零位，保持足够的冷却时间，以免损坏塑料焊枪。

图9-6 塑料焊枪操作示意

8）待塑料焊枪冷却后切断电源，清扫工作场地，把所有的工具及材料放好。

（3）塑料焊枪焊接作业

1）焊前准备：

① 首先清洗塑料钣金件表面的油污，将破裂的部位修成 V 形坡口，如图 9-7 所示。

② 当塑料件钣金件的变形与断裂并存时，应先进行热校正。

图 9-7　V 形坡口处理

2）焊接开始：

① 将焊接温度调到适当值。

② 选取适用于塑料件类型的焊条及焊嘴。

③ 焊接开始时，焊嘴与塑料件表面平行，焊嘴离焊缝 12~13mm，塑料焊枪倾角为 30°，如图 9-8 所示。焊条垂直于塑料件（倾角为 90°），焊条置于焊缝起点，同时将焊条压进 V 形焊缝坡口，通过加热量来调节熔化速度。

④ 正常焊接阶段，一只手向焊条施加压力，同时用塑料焊枪的热量把焊条和塑料件加热并保持扇展动作，使之保持适当的平衡。

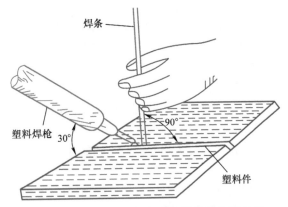

图 9-8　塑料焊枪、焊条及塑料件的位置关系

⑤ 当需要另接一根焊条时，应在焊条尚未太短而不够连接之前即停止焊接。随后将焊条和塑料件接触快速切断。新焊条也切成 60°，以保持接合处平滑过渡。

3）焊接检查。如图 9-9 所示，检查焊缝。观察焊缝，沿接触面两侧焊条与塑料钣金件应完全融合。焊条不应比焊接前拉长或压粗，良好的焊缝应在焊缝的两侧出现小流线或波纹，说明压力和热量适当，焊条与塑料钣金件完全融合。

4）焊接结束：

① 焊接后冷却固化 30min 左右。

② 打磨整平焊缝，使其恢复到原来的形状，如图 9-10 所示。

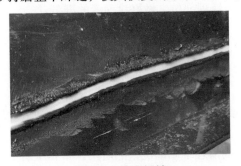

图 9-9　检查焊缝

图 9-10　打磨整平焊缝

一 塑料钣金件的修理

（1）塑料钣金件损伤修复方法

1）塑料件划痕和裂纹的修复方法。塑料件的划痕和裂纹通常采用黏合剂修复，其修复方法如下：

① 用水和塑料清洁剂清洗待修理部位，对结合表面进行除蜡、脱脂处理。

② 使用黏合剂之前，应将塑料件加热至20℃左右。

③ 将催化剂喷至裂纹一侧，然后在该侧敷好黏合剂。

④ 将划痕或裂纹两侧按原来位置对好，迅速压紧，约1min后即可获得良好的黏合效果。

⑤ 黏合部位应有3~12h的硬化时间，以达到最大的黏合强度。

2）塑料件擦伤、撕裂和刺穿的修复方法：

① 用有去除石蜡、油脂和硅树脂功能的溶剂浸湿在干净的抹布上，彻底清除损伤部位的污物，然后擦拭干净。

② 将擦伤孔边6~10mm宽处磨削成斜面以便于黏合，磨削出粗糙表面有利于黏合。

③ 用精细砂轮削去修理部位边缘的油漆，使孔边附近3cm左右表面的油漆全部被清除掉，然后进行必要的清洁处理。

④ 对孔边进行火焰处理，改进黏合性能。使用喷灯火焰在斜面处不断移动，使斜面处略呈棕色为止。

⑤ 用去硅树脂和去蜡剂清洗修理部位的背面，然后贴上带有强黏合剂的铝箔和能防潮的胶带，把孔完全覆盖住。

⑥ 按照说明准备黏合材料。大多数黏合剂都分别装在两根管中。在一块金属板面或木板上分别挤出等量的黏合材料，将它们充分搅拌，混合均匀，待用。

⑦ 用刮板把混合好的黏合剂分两步填充到孔洞中，第一步填充孔底，第二步将孔洞填平，动作要快，因为这种黏合剂在2~3min内会固化。填充完毕，硬化1h后用粗细砂轮磨去表面的凸点，并清除修理部位的碎屑、灰尘等污物。

⑧ 第二次调好的黏合剂填满修理部位，用刮板刮平整形。待干固后用80号砂纸把周围修整出一个粗轮廓，然后再用180号和240号砂纸打磨，对表面精修。如出现高低不平或针孔，可用填充剂填平。

⑨ 用320号砂纸进行最后的精磨，打磨后清洁修理部位，做好涂面漆的准备。

（2）塑料钣金件孔洞、穿孔的修复方法

1）清洁表面：首先，用抹布和清洁剂进行表面清理，如图9-11所示。

2）砂光损坏部位。如图9-12所示，砂光损坏部位，露出纤维玻璃夹层。用带真空吸尘附件的砂光机操作，以降低灰尘。

3）修整损坏部位边缘。如图9-13所示，研磨或锉平损坏部位边缘，以形成一个盘形。盘形侧面应有斜面，以扩大黏合表面。

4）涂维修材料。首先，用水基蜡或油脂清洗剂清理维修部位，然后用抹布和压缩空气进行表面清理。最后，将维修材料涂在损坏的部位，使维修部位比周围略高，如图9-14所示。

图 9-11 清洁表面

图 9-12 砂光损坏部位

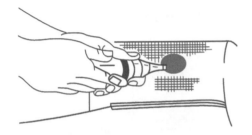

图 9-13 修整损坏部位边缘

图 9-14 涂维修材料

5）固化维修材料。按制造商的建议使用加热风枪加速固化维修材料，如图 9-15 所示。

6）磨光修补表面。用砂轮或车身锉磨光塑料表面，如图 9-16 所示。

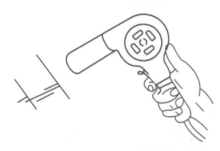

图 9-15 固化维修材料

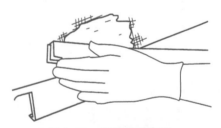

图 9-16 磨光修补表面

7）涂抹聚酯类材料。涂抹聚酯类材料使砂光面均匀，如图 9-17 所示。

8）修整表面修补。涂底涂层并用砂光机进行表面修整，如图 9-18 所示。

图 9-17 涂抹聚酯类材料

图 9-18 修整修补表面

（1）维修前的准备

塑料件维修工具及材料包括热风枪、电烙铁、修补胶条、塑料黏合剂、塑料底漆、慢干稀释剂、不锈钢修补网、塑料清洗液、原子灰、打磨机、砂纸、打磨块、剪刀等，如图9-19所示。热风枪主要用于加热塑料件使其恢复黏合性能或校正塑料件的变形；修补胶条或塑料黏合剂是配合不锈钢修补网进行保险杠孔洞修复的专用材料；塑料清洗液包含了清洁剂和去脂剂，用于清洁塑料表面的油脂及污物。

（2）塑料件黏合维修操作

1）加热损坏部位。首先，用清水冲洗干净车身塑料件损坏的部位，然后用热风枪加热塑料件使其恢复黏合性能，如图9-20所示。

图9-19　塑料底漆及慢干稀释剂

图9-20　加热损坏部位

2）校正损坏部位。如图9-21所示，一只手拿住热风枪继续加热塑料件的损坏部位，另一只手用一字旋具的手柄压住塑料件的损坏部位，让它们黏合在一起。

3）固定硬化。如图9-22所示。用一字旋具的手柄继续固定住塑料件的损坏部位，让黏合部位硬化后即可松开。

图9-21　校正损坏部位

图9-22　固定硬化

4）冷却固化。当塑料件损坏部位黏合牢固后，立即用自来水进行冷却（图9-23），使塑料件恢复原来的塑性。

5）打磨损坏部位。如图 9-24 所示，用打磨机打磨塑料件损坏部位，使其平整，注意打磨的面积不要过大，避免伤到车身其他漆面。

图 9-23　冷却固化

图 9-24　打磨损坏部位

6）粗磨。如图 9-25 所示，使用打磨块和粗砂纸对塑料件损坏部位进行水磨，使其表面变光滑。

7）细磨。使用细砂纸对塑料件损坏部位继续进行水磨，如图 9-26 所示。

图 9-25　粗磨

图 9-26　细磨

8）检查光滑度。如图 9-27 所示，用手触摸塑料件损坏部位，当感觉光滑时可以进行下一步操作，否则应继续进行细磨，直到光滑为止。

9）填充原子灰。在塑料损坏部位上用原子灰进行填充（图 9-28），使其恢复原来的形状。当原子灰完全干燥以后，进行下一道喷漆即可完成塑料件的修补。

图 9-27　检查光滑度

图 9-28　填充原子灰

第十章
汽车表面的涂装

第一节　传统的车身底层涂装

一　底层涂装前表面处理

（1）除锈

1）手工除锈。手工除锈主要依赖于铲刀、刮刀、钣金锤、钢丝刷、砂纸、断锯条等工具（图10-1），靠手工敲、铲、刮、刷或柔性锉的方法来消除表面锈垢、氧化层等。这是喷涂作业中传统除锈方法，也是最简便的方法。但是由于劳动强度过大、工作效率低，只能适用于小范围的除锈处理。

2）机械除锈。机械除锈主要是利用一些电动工具或气动工具来达到清除铁锈的目的。常用的电动工具，如电动刷、电动角磨机等；气动工具，如气动刷等。电动刷和气动刷是利用特制圆形钢丝刷的转动，靠冲击和摩擦把铁锈或氧化皮清除干净，特别适宜于表面浮锈，但对较深锈斑很难除去。

如图10-2所示，电动角磨机实际是手提砂轮机，它是利用砂轮的高速旋转除去铁锈，并能用于机械脱漆，效果较好。特别对较深的锈斑，具有工作效率高，施工质量较好，使用方便等优点，是一种理想的除锈工具。但操作中必须注意，不要把钣金件磨穿。

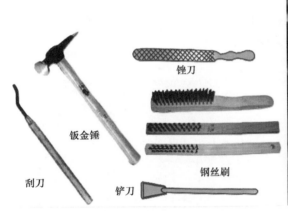

图 10-1　手工除锈工具

图 10-2　电动角磨机除锈操作

3）化学除锈。化学除锈是利用酸性溶液与铁锈（金属氧化物）发生氧化反应生成盐类，使锈垢、氧化皮等溶解或脱落，如图10-3所示。常用的酸性溶液有硫酸、盐酸、硝酸等，酸液配制成质量分数约为30%的混合液使用。

注意：在稀释浓硫酸时，应缓慢地把硫酸倒入容器的水中，因硫酸溶于水中时起放热反应，必须不断地搅拌，切勿相反操作，以免引起爆炸，硫酸飞溅伤人。目前，应用较广的是浸泡酸洗，部件在酸液中经过浸泡除锈以后，再经冷热水冲洗，并用弱碱溶液（如质量分数5%~10%的氢氧化钠溶液）中和，再用水冲洗，并擦干、烘干，以防很快再次生锈。

> **学习提示：**
>
> 化学除锈一般不用于局部作业，正常情况下只有零部件需要整体进行除锈时，才能使用此法。另外，经化学除锈的部件表面需要经粗糙处理或磷化处理，以增加金属钣金件表面与底漆层的附着力。

图 10-3 化学除锈操作

4）火焰除锈。如图 10-4 所示，火焰除锈是利用气焊枪，对少量手工难以清除的、较深的锈蚀、锈斑进行烧红，让高温使铁锈的氧化物改变化学成分，从而达到除锈的目的。此法目前很少使用，操作时必须注意不要让金属表面烧穿，还要防止大面积处理时钣金件受热变形。

（2）打磨

1）砂纸打磨。如图 10-5 所示，用砂纸打磨受损部位使其成为羽状边。

2）打磨检查。在受损部位与周边漆膜连接部位打磨出一个羽状边的缓冲坡面（图 10-6），便于其后新喷的漆面与原车漆面更好地连接在一起。

图 10-4 火焰除锈操作

图 10-5 砂纸打磨操作

图 10-6 羽状边坡面

二　刮腻子

汽车车身通过钣金校正后还有一些钣金工作无法弥补的缺陷，哪怕是更换新的部件也会有不完美的地方，为了做到更加完美精细，就必须用刮腻子来填补重塑外观。

（1）原子灰选用

原子灰有很多品种，在施工时可以根据不同的情况合理选用。施工的底材对原子灰的附着力也有一定的影响，在填平施工时要根据不同的底材选用不同的原子灰。原子灰选用原则如下：

1）要从涂料极性小来考虑其配套性。一般底漆、原子灰、面漆三者之间的极性应以相近或基本相近为宜，由此可获得可靠的附着力和层间结合力。

2）根据填充层的厚度和用途等来考虑所选原子灰，一般分为填充型、中间型和刮（喷）涂型。填充型原子灰适用于填补钣金件表面上的较大凹陷或车身结构件的接缝等。这种类型的原子灰强度高、堆积性好，并且一次可刮较厚的涂层。而刮（喷）涂型原子灰则适用于覆盖道痕、砂眼及钣金件表面上的较小的不平处。这种类型的原子灰具有颗粒细腻、柔韧性好、易打磨和干燥后不变形等特点，但堆积性差。中间型原子灰性能介于两者之部间。如果原子灰选择得当，将会使钣金件表面达到平滑、匀顺、细致的目的，涂装面漆后能使漆面更丰满、光泽更突出。

3）根据车型的不同选用不同的原子灰。国产客车大多用自制油性原子灰。中、高级或进口轿车多采用双组分原子灰，如新劲牌原子灰、幼滑原子灰、纤维原子灰、金属原子灰、合金原子灰、ICIP551-1050原子灰、P551-1052原子灰（万能原子灰）、P551-1059原子灰、PPG的A656/663多用途聚酯原子灰、A659轻型聚酯腻子、A661标准聚酯腻子、A662/A668聚酯喷灰、鹦鹉牌839-20多用途原子灰，以及杜邦原子灰、关西原子灰等，如图10-7所示。

（2）原子灰的混合

如图10-8所示，使用原子灰前需按配方调拌均匀原子灰和固化剂。调置量不宜过大，否则会增加调制时间，使原子灰较早地硬化。磷化底材表面不能直接刮涂原子灰，必须先喷涂隔绝底漆后才能施涂原子灰。

图 10-7　原子灰

图 10-8　原子灰调配

（3）原子灰的刮涂

如图10-9所示，刮涂原子灰时，用两把铲刀，一把用来放混合好的原子灰，另一把用来刮涂，刮涂时将原子灰刮在损伤区域。对于需要较厚的填补区域可以分几次进行填补。

操作过程中不能来回刮涂，以免原子灰中孔隙被黏死，造成长期不干。原子灰可用粗腻子，是聚酯腻子加固化剂调和而成的，刮涂时可以较厚，不会出现不干现象。刮涂时，应使用铲刀与其表面构成60°，并略成弧形刮涂。

（4）原子灰的干燥

如图10-10所示，为了缩短原子灰的干燥时间可以借用干燥器或者红外线烤灯，加热原子灰进行干燥。

图 10-9 原子灰的刮涂操作

图 10-10 红外线烤灯加热原子灰

（5）原子灰的打磨

用手指甲检查原子灰软硬程度，当原子灰干透后进行打磨。打磨的方法包括手工打磨和机械打磨，具体操作如下：

1）手工打磨（图 10-11）。手工打磨适用于对小面积原子灰的粗磨，也可用于大面积细磨，以及有些精细工作如对型线、曲面、转角、圆弧和弯曲部位的修整。手工打磨就是用磨块（木块或橡胶块）上包有 2~3 号砂纸进行干磨，或用 100 号水砂纸沾水湿磨。手工打磨的步骤：

① 选用与磨块大小相配的砂纸或者把砂纸裁剪好，使之与磨块尺寸相配。

② 将砂纸固定在磨块上，把磨块平放在打磨面上，沿磨块的长度方向均匀施加中等程度的压力，不得急于求成而用力过猛，否则原子灰可能被磨穿或磨出凹坑。

图 10-11 原子灰的手工打磨操作

③ 打磨时，磨块进行前后往复的摩擦运动打磨，打磨行程为较长的直线。不要使磨块圆周运动，应始终沿车身外形线方向打磨。

④ 打磨过程中，应充分注意露出的最高点，并以此最高点为准，多次用手摸出平整度，再加以修整。

⑤ 对于波浪形平面，可选用长一些的木块当衬块，打磨动作幅度可长些。

⑥ 对于局部补刮的原子灰，打磨时要注意原子灰层边缘的平整性，即原子灰口要磨平，以防产生原子灰层痕迹，并为第二道原子灰的刮磨带来方便。

⑦ 干磨时，砂纸会被填料的粉末黏住。经常抖动、拍拍砂纸可以去掉一些粉末，也可使用涂有滑石粉的砂纸，这样可减少粉末的堵塞。湿磨时，减少砂纸堵塞方法基本同于干磨，但还要用水湿润。

2）机械打磨。机械打磨常用的机械打磨机有圆盘式打磨机和双作用打磨机，还有轨迹式打

158

磨机和往复式打磨机。主要是将没有黏性的砂纸粘贴在打磨机衬盘上。机械打磨的操作方法如下：

①　将砂纸粘贴在打磨机衬盘上。如果用的是自粘贴砂纸片，只要将两者中心对正压紧即可，但在压紧前一定要把中心对准。

②　用双手把持打磨机手柄，先用粗砂纸打磨。当原子灰表面的刮痕基本消除后，应及时更换细砂纸磨至腻子表面与周围高度相近，以留出足够的手工细磨余量。机械打磨时，如果出现了结球现象，就应及时更换砂纸，否则磨屑会堆积在一起划伤表面，并降低磨具的打磨效果。

③　打磨操作完成后立即把砂纸从衬盘上取下来，否则黏合剂凝固后，砂纸与衬盘就会贴得很牢固。一旦粘牢，就要用抹布蘸溶剂将黏合剂溶解，才能取下砂纸。

（6）清除原子灰的打磨痕迹

如图 10-12 所示，用细砂纸小心清除原子灰的打磨痕迹，为喷涂中途底漆做准备。

图 10-12　清除原子灰的打磨痕迹操作

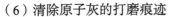

三　底漆涂装

（1）遮盖

在准备喷涂过程中，用遮盖纸或报纸将喷涂以外的部位进行遮盖，如图 10-13 所示。常用的遮盖材料为遮盖纸和遮盖胶带。

（2）喷涂中涂底漆

首先进行清洁除油，然后开始喷涂中涂底漆，如图 10-14 所示。中涂底漆一般要喷涂 2 道，每道间隔时间 5~10min（常温）。

图 10-13　遮盖

图 10-14　喷涂中涂底漆

（3）打磨中涂底漆

全部喷涂完毕后，静置 5~10min，然后按要求加温到适当温度并保持足够的时间，待完全干固后对中涂底漆进行打磨至原漆高度相同，确认平整度，为车身面漆涂装做准备。

1）打磨中涂底漆操作操作方法。中涂底漆的打磨一般使用 P400~P600 号干磨砂纸配合 ϕ3mm 偏心振动打磨头进行，或使用 P800 号水磨砂纸水磨，如图 10-15 所示。

2）中涂底漆在打磨时应注意。如果在打磨过程中将中涂漆磨穿，露出底漆或原子灰，必须补喷中涂漆，并重新进行打磨；如果有些部位在打磨过程中出现凹陷、气孔等情况，必须重新施涂原子灰，将补涂的原子灰打磨后再喷涂中涂漆，然后进行打磨。

图 10-15　水磨砂纸水磨中涂底漆操作

第二节　车身面漆涂装

一　车身面漆喷涂前的准备

（1）一般清洗

1）用干净的抹布和水擦洗待涂装的汽车表面及其周围，如图 10-16 所示。

2）擦洗表面积如果超过 $0.2m^2$，则每次擦洗都应该要重叠 5~10cm。

3）在汽车待涂装表面还是湿的时候，用清洁的白布擦干。如果表面积较大或进行整车清洗，则应频繁地更换抹布。

（2）清洗硅酮类化合物

1）用干净的白布蘸清洗溶剂擦洗待涂装的表面。如有必要，用溶剂多次擦洗，然后用清洁的白布擦干。

2）再次用干净的白布蘸溶剂擦洗表面，然后用 500 号砂纸、600 号砂纸或超细砂纸打磨表面，如图 10-17 所示。

图 10-16　水擦洗待涂装的汽车表面

图 10-17　超细砂纸打磨表面

3）再次用干净白布蘸溶剂擦洗表面，然后用干净白布擦干。不要用不干净的布或用过的布擦洗表面。此外，绝不允许采用清洗溶剂擦洗塑料密封胶的表面。

注意：使用清洗溶剂擦拭之前，请认真阅读产品使用范围。

（3）除油

汽车车身受尘埃、泥土污染，为保护表层漆面，需要用很多水冲掉，而由油泥、蜡和尾气造成的沾染，则必须用清洗剂清洗。常用的有中性清洗剂、弱碱性清洗剂，还有一些能够增加光泽的清洗剂等。车身表面的油污，可利用溶解、皂化、乳化作用将其清除，常用的方法如下：

1）碱液除油法。该法主要是通过皂化作用将油脂除去。当清洗不能皂化的矿物油时，靠表面活性剂的作用，帮助乳化脱脂。碱液除油一般适用于钢铁材料，常采用浸渍、刷洗或喷射方法进行，除油后必须用流动的清水把工件表面残留的碱液冲洗干净，以免影响漆层质量。

2）乳化除油法。该法即是在有机溶剂加中加入一种或数种表面活性剂，或再添加弱碱性清洗剂组成的一种混合液。当用这种混合液喷射在被洗物上时，溶剂浸透油脂层使油脂微粒化，而表面活性剂使油脂微粒乳化分散在水中，从而达到除油的目的。

3）金属清洗剂除油。金属清洗剂有阴离子型表面活性剂和非离子型表面活性剂等类型，对不同类型的油污去除率也不尽相同，各修理厂在选择清洗剂时，应根据实际情况进行选择。

4）有机溶剂除油（图10-18）。石油溶剂（汽油、煤油、柴油）、松节油、甲苯、四氯乙烯等均为常用的除油有机溶剂，一般采用刷洗法。

图 10-18　有机溶剂除油

一　车身面漆涂装工艺

（1）车身面漆涂装准备

面漆施工准备工作包括喷涂环境的清洁、待涂工作表面的清洁、涂料的准备、喷涂环境温度的准备和空气喷枪的使用与调试等内容。

1）喷涂环境的清洁。喷涂环境的清洁包括喷漆房的墙面和地板的清洁时，可以用风枪吹墙面和地板，如图10-19所示。

2）待涂工作表面的清洁。待涂工作表面的清洁包括除尘、除水和脱脂处理等工作。

① 待涂工作表面的除尘、除水。如图10-20所示，用干净的毛巾或风枪将待涂工作表面和相邻区域，清洁干净，确保这些区域完全没有灰尘、污物和水分。

图 10-19　清洁喷漆房

② 待涂工作表面的脱脂处理：

a. 用浸有除油剂的毛巾或纸巾擦拭车身表面，使表面湿润，如图10-21所示。

b. 用清洁、干净的毛巾将浮起的油迹在除油剂干燥之前擦除。

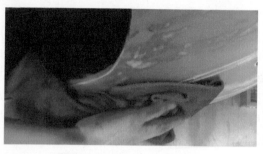

图 10-20　待涂工作表面除尘

图 10-21　待涂工作表面的脱脂处理

③ 待涂工作表面的粉尘处理。在施涂面漆之前，用黏尘布进行最后一道除尘。如图 10-22 所示，用黏尘布除尘时，必须轻轻擦拭，先擦去被涂表面的灰尘，然后再擦拭被涂表面边缘的遮盖纸。

3）涂料的准备：

① 涂料调制（图 10-23）。将调好色的油漆按所需要的量取出，视需要加入固化剂并充分搅拌，调整好黏度。一般黏度调整到 16~20Pa·s 之间。通常的做法是将油漆和固化剂调配好之后，再加入稀释剂调整黏度。

图 10-22　待涂工作表面的粉尘处理

② 过滤涂料。选取 180 号的涂料过滤网放置在喷枪口，将涂料倒入过滤网，让涂料流入到喷枪内，如图 10-24 所示。

图 10-23　涂料调制

图 10-24　过滤涂料

4）喷涂环境温度的准备。如图 10-25 所示，打开喷漆房的喷涂模式开关，将喷涂环境温度控制在 20~25℃之间，预热 10min。

5）喷枪的调试与使用（图 10-26）：

① 喷涂面漆时要根据面漆的黏度选择适当口径的空气喷枪，以 HVLP（环保型空气喷枪）重力式空气喷枪为例，选用

图 10-25　喷涂模式开关

1.3~1.5mm 口径的空气喷枪比较合适。喷涂黏度较高的涂料应使用口径大一点的空气喷枪，喷涂黏度低的涂料应使用口径稍小的空气喷枪。

② 压力调整。严格按照油漆产品说明书所提供的施工参数调整喷枪的压力。对任何油漆系统而言，最适当的空气压力只有一个，就是能使涂料获得最好雾化的最低空气压力。

③ 雾束大小、方向要通过雾性控制阀和漆流量控制阀进行调整。

（2）车身面漆涂装操作

1）预喷涂（图 10-27）。用 300mm 的喷涂距离对喷涂表面进行薄喷涂，至涂层有少许光泽时停止喷涂，然后检查涂层表面有无缩孔。注意：涂层表面如果有缩孔，应提高喷涂压力，用干喷法再次喷涂表面，以便吹除缩孔。预喷涂后，等面漆闪干 6~10min，就可以进行着色喷涂。

图 10-26　喷枪的调试

图 10-27　预喷涂

2）着色喷涂（图 10-28）。将出漆量调节旋钮再退出一圈，喷涂距离改为 250mm，进行面漆的着色喷涂。注意：如果底材没有完全被遮盖，一般情况下只需要重涂暴露的面积。这时要减小喷涂压力和出漆量，空气喷枪要靠近一些，以防止相邻部位涂膜粗糙。着色喷涂要求尽可能喷厚一些，但不能产生流挂。

3）修饰喷涂（图 10-29）。向空气喷枪的涂料杯中加入干燥速度较慢的稀释剂，涂料黏度调整为 14~16Pa·s，适当减小喷涂压力，以与着色喷涂相同的方法进行喷涂。修饰喷涂的主要目的是调整涂层表面的色调和平整度，涂层表面光泽不够理想时可以适当加入清漆，以 14Pa·s 的涂料黏度再修整喷涂一次。

图 10-28　着色喷涂

图 10-29　修饰喷涂

三　车身面漆喷涂的方法和技巧

（1）车身面漆的喷涂方法

面漆的喷涂方法主要有干喷、湿喷、湿碰湿、虚枪喷涂、雾化喷涂、带状涂装等。

1）干喷指喷涂时选择的溶剂要快干，气压较大，漆量较小，温度较高等，喷涂后漆面较干。

2）湿喷指喷涂时选择的溶剂要慢干，气压较小，漆量较大，温度较低等，喷涂后漆面较湿。

3）湿碰湿跟湿喷有相似的一面，都是不等上道漆中溶剂挥发完就继续喷涂下一道漆。

4）虚枪喷涂。在喷涂色漆后，将大量溶剂或固体分调整得极低的涂料喷涂在面漆上的操作称为虚枪喷涂。

5）雾化喷涂又称飞雾法喷涂，又叫飞漆，一般用于金属漆的施工。

6）带状涂装。当喷涂某个基材表面的边缘时采用此法。此时应将喷枪扇辐调得相对窄一些，一般调整到10cm 宽左右。

（2）车身面漆的喷涂操作技巧

1）喷枪操作技巧：

① 喷枪与车身表面的角度（图10-30）。为确保漆面的均匀，在喷漆过程中，喷枪与面漆间应始终保持一致的距离。在整个走枪的过程中始终保持喷枪与被喷涂平面呈直角，并确保手臂沿着被喷工件的表面做平行运动，绝对不能以手腕或手肘为轴心做弧形摆动。

② 喷枪嘴与面漆表面的距离（图10-31）。正常的喷涂距离应与喷枪的气压、喷枪的扇面调整大小以及涂料的种类相关，喷涂距离一般为20cm 左右。

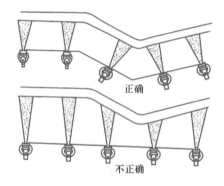

图 10-30　喷枪与车身表面的角度

图 10-31　喷枪嘴与面漆表面的距离

③ 喷枪扳机的控制（图10-32）。由于扣紧扳机时涂漆的涂料流量较大，因此为了避免每次走枪行将结束时所喷出的涂料堆积在工件边缘，需要在喷枪行程的末端略微放松一点扳机，以减少供漆量。

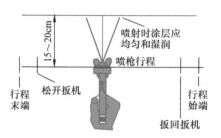

图 10-32　喷枪扳机的控制

④喷枪的移动速度（图10-33）。喷枪的移动速度与涂料干燥速度、环境温度、涂料的黏度有关，约以30cm/s的速度匀速移动。如果走枪过快，会使油漆太干，表面粗糙；如果走枪过慢，则容易产生流挂。

图10-33　喷枪的移动速度

2）喷涂的操作技巧。面漆的喷涂可以根据涂料的不同划分为素色漆喷涂和金属闪光漆喷涂2种操作。素色漆喷涂3次就能形成所需要的涂膜厚度、光泽和色调。金属闪光漆喷涂则要经过5次的喷涂，而且比较光亮。

①素色漆喷涂操作技巧，见表10-1。

表10-1　素色漆喷涂操作技巧

第一步：预喷涂	预喷涂是以喷雾状沿车身整体薄薄喷涂一层。其目的一是提高涂料与旧涂膜的附着力；二是确认有无排斥涂料的部位，如果有就在该部位稍微加大气压进行喷涂，以覆盖住排斥涂料的部位。主要调整参数如下： ①涂料黏度：16~20Pa·s(20℃) ②喷涂气压：343kPa ③喷束直径：全开 ④喷涂流量：1/2~2/3开度 ⑤喷涂距离：25~30cm ⑥空气喷枪运行速度：快
第二步：着色喷涂	着色喷涂可基本形成涂膜层，但需要达到一定的涂膜厚度，必须尽可能喷厚一些，这是最终获得良好表面质量的基础。为了防止涂膜过厚产生流挂，主要调整参数如下： ①涂料黏度：16~20Pa·s(20℃) ②喷涂气压：343kPa ③喷束直径：全开 ④喷涂流量：2/3~3/4开度 ⑤喷涂距离：20~25cm ⑥空气喷枪运行速度：适当
第三步：表面色调与平整度的调整	表面色调与平整度的调整是在第二次喷涂已形成了一定的涂膜厚度后，调整涂膜色调。为了形成光泽喷涂要加入透明涂料，有时为调整色调要加入干燥速度慢的稀释剂。主要调整参数如下： ①涂料黏度：14~18Pa·s(20℃) ②喷涂气压：294~343kPa ③喷束直径：全开 ④喷涂流量：全开 ⑤喷涂距离：20~25cm ⑥空气喷枪运行速度：适当

② 金属闪光漆喷涂操作技巧，见表10-2。

表 10-2　金属闪光漆喷涂操作技巧

第一步：预喷涂	预喷涂是以喷雾状沿车身整体薄薄喷涂一层。其目的一是提高涂料与旧涂膜的附着力；二是确认有无排斥涂料的部位，如果出现了排斥现象，就在有排斥现象的部位提高喷射气压进行喷涂。主要调整参数如下： ① 涂料黏度：14~16Pa·s(20℃) ② 喷涂气压：393~490kPa ③ 喷束直径：全开 ④ 喷涂流量：1/2~2/3 开度 ⑤ 喷涂距离：25~30cm ⑥ 空气喷枪运行速度：快
第二步：着色喷涂	着色喷涂决定涂膜的颜色。喷涂时不必在意出现的喷涂斑纹和金属斑纹。喷涂时，空气喷枪移动速度稍快一点为好。着色喷涂涂料遮盖力较强，一般喷两次即可，但有的色调需要再喷涂一次。主要调整参数如下： ① 涂料黏度：14~16Pa·s(20℃) ② 喷涂气压：393~490kPa ③ 喷束直径：全开 ④ 喷涂流量：2/3~3/4 开度 ⑤ 喷涂距离：20~25cm ⑥ 空气喷枪运行速度：稍快
第三步：过渡喷涂	过渡喷涂主要是取金属闪光磁漆 50%、透明漆 50% 相混合。第三次喷涂可修正第二次喷涂形成的喷涂斑纹和金属斑纹，目的是形成金属质感，防止喷涂透明层时引起金属斑纹。主要调整参数如下： ① 涂料黏度：11~13Pa·s(20℃) ② 喷涂气压：393~490kPa ③ 喷束直径：全开 ④ 喷涂流量：1/2~2/3 开度 ⑤ 喷涂距离：20~25cm ⑥ 空气喷枪运行速度：快
第四步：透明清漆的预喷涂	透明层清漆的预喷涂不能太厚，一次喷涂太厚会使金属颗粒的排列被打乱，所以要采取薄喷的方法。主要调整参数如下： ① 涂料黏度：12~14Pa·s(20℃) ② 喷涂气压：294~343kPa ③ 喷束直径：全开 ④ 喷涂流量：1/2~2/3 开度 ⑤ 喷涂距离：20~25cm ⑥ 空气喷枪运行速度：稍快

（续）

第五步：透明清漆的精细喷涂	透明清漆的精细喷涂是最后一次喷涂。喷涂时，要边观察涂膜的平整度边仔细喷涂。如果采用快速移动空气喷枪的方法往返两次覆盖，能得到很理想的表面色泽。尤其是在车顶、行李舱盖、发动机盖等处喷涂两次为好。主要调整参数如下： ① 涂料黏度：11~13Pa·s(20℃) ② 喷涂气压：294~343kPa ③ 喷束直径：全开 ④ 喷涂流量：2/3 到全开 ⑤ 喷涂距离：20~25cm ⑥ 空气喷枪运行速度：普通或稍慢

四　车身面漆层的干燥

（1）面漆层固化（图 10-34）

面漆喷涂结束后，静置 15min，使面漆固化，溶剂自然挥发。

（2）喷漆房升温（图 10-35）

将喷漆房升温，在 60℃下干燥 35min。面漆干燥结束后，趁车身还未冷却之前，清除所粘贴的遮盖胶带和遮盖纸。

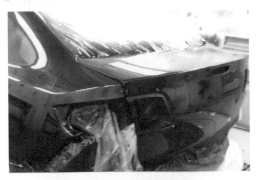

图 10-34　面漆层固化

图 10-35　喷漆房升温

第三节　塑料件面漆涂装

一　汽车塑料件常用的涂料

目前汽车塑料件的材质主要有 PP（聚丙烯）、PE（聚乙烯）、PS（聚苯乙烯）、ABS（丙烯腈 - 丁二烯 - 苯乙烯共聚物）、PC（聚碳酸酯）、POM（聚甲醛）、聚酰胺和聚酰醚等。从原料的分

子结构上讲的，是否含有极性集团或原子，对汽车塑料件涂料选择起到了决定性作用，具体分析如下。

1）ABS类的汽车塑料件的极性较大，可直接涂覆面漆（图10-36）。但需要满足以下条件：

① ABS塑料件表面的脱模剂需要处理干净。

② 要选用适当体系的涂料，如丙烯酸系、聚氨酯系和环氧系涂料。

③ 塑料件本体颜色是黑色，成品需要白色，则白色面漆的膜厚要高，才能够完全遮盖黑色，否则达不到预期效果。因此在这种情况下，需要先进行浅色底漆涂装来遮盖底材的颜色，以提高白色面漆的遮盖力，一般选择含有底漆涂层的涂膜。

图10-36　面漆涂料

2）PS、HIPS（高抗冲聚苯乙烯）等塑料对溶剂敏感，容易被溶剂侵蚀，且耐温性较差，一般选择常温自干的热塑性丙烯酸漆、改性丙烯酸漆或硝基漆等，并需选择极性配套的稀释剂（图10-37），以达到提高附着力的目的。

3）PP、PE等非极性的聚烯烃，因涂料在其表面难以润湿和附着，且这些材质耐溶性很强，涂装难度最大，比较实用的办法是加涂一层薄层塑料底漆（图10-38），在面漆与底材之间起承上启下的作用。底漆选用需满足2个要求：

① 塑料底材必须有良好的结合力。

② 不能过分溶蚀塑料表面。涂料中的稀释剂对塑料底材有一定的膨润度，膨润层加强了底漆与底材的附着力。

图10-37　配套的稀释剂

图10-38　塑料底漆

一　汽车塑料件的喷涂前处理

汽车塑料件通常分为硬塑料（刚性塑料）件和软塑料（半刚性塑料）件。汽车制造厂提供的塑料备件，有的已经涂过底漆，有的未涂底漆。对于后者，应使用专门的塑料底漆、底漆密封或乙烯清漆来提高涂层的附着力。汽车塑料件的喷涂前处理主要是用面漆的稀释剂或推荐的溶剂彻底清洗塑料件，要用中性洗涤剂，并将零件用清水洗净擦干。对需要喷涂底色漆的部位用 400 号砂纸打磨，要喷涂透明清漆的混涂区域用 600 号或更细的砂纸打磨，并用表面清洁剂擦净。

（1）硬塑料件的表面处理

对于未涂底漆的硬塑料零部件处理方法如下：

1）用干净的抹布蘸上乙醇擦拭其表面。

2）用去蜡、去油脂清洗剂彻底清洗表面。

3）打磨已暴露出来的玻璃纤维，手工打磨时使用 220 号或 280 号砂纸（图 10-39）；用磨光机打磨时，用 80 ~ 120 号砂纸。

4）用干净布重新擦干净表面。

5）如果有需要填平的焊缝、气穴，应在整个表面上涂 1 层车身填充剂，干燥之后，再打磨、清洁，最后再涂 1 层保护层或 2 层环氧铬酸盐涂料。

6）按照包装上的说明，将腻子涂在表面上，干燥之后用细砂纸磨光，用压缩空气吹除灰尘，用黏性抹布擦拭干净。

7）准备涂面漆。

图 10-39　手工打磨

（2）软塑料件的表面处理

对于未涂底漆的软塑料零部件处理方法如下：

1）用一块在水中浸湿的布蘸上去蜡、去油脂和除硅油清洗剂清洁整个表面并擦干。

2）用 320 号砂纸打磨划伤处和用填充剂修补过的表面，吹除灰尘，并用黏性抹布擦拭干净。

3）调制并涂覆 4 层中等干燥的软性腻子，让表面干燥至少 1h，然后用 400 号砂纸进行打磨，清除所有光泽。

4）准备涂面漆。

三　硬塑料件的喷涂

（1）内部硬塑料件的喷涂

内部硬塑料件面漆的颜色由车身编码牌上的调整号决定，其面漆主要用丙烯酸漆。涂料厂都向用户提供内部漆图表，包括内部漆的供应号、名称、光泽系数及调整号。内部硬塑料件的喷漆方法如下：

1）用溶剂清洗塑料件表面。

2）按调整号码喷涂一般的内部用丙烯酸漆，如图 10-40 所示。

3）按规定时间干燥漆层即可使用。

（2）外部硬塑料件的喷涂

汽车外装饰用塑料件主要包括前后保险杠、扰流板、

图 10-40　内部塑料件喷涂

轮眉、镜壳、车门手柄等部件。汽车保险杠、扰流板、轮眉等塑料件都是注塑成型的，颜色主要有白色和黑色，为提高塑料件的外观装饰效果，满足塑料件与本身同色或用户对颜色的特殊需求，通过改变塑料自身的颜色是无法达到的，需喷涂不同颜色的面漆。外部硬塑料件喷面漆的方法如下：

1）用清洗剂彻底清洗零件表面。

2）喷涂适当颜色的面漆，如图 10-41 所示。

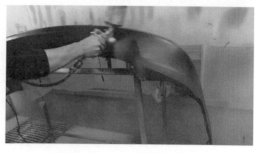

3）待漆面完全干燥后，再把零件装到车上。

4）对玻璃纤维件喷漆之前，应先涂原子灰，再按照喷涂车身钢板的方法喷面漆。对原先已喷过气塑膜化合物的硬塑料件进行局部修理前，需先喷一层助黏剂。操作时用 400 号湿砂纸打磨损坏部位，然后涂底漆、涂助黏剂再喷面漆。

图 10-41　前后保险杠喷涂

（3）半硬塑料件的喷涂

半硬（弹性）塑料件的漆层中需要加入弹性剂，以使漆面在变形时不致开裂，加入了弹性剂的漆面称为弹性漆层，其喷涂方法如下：

1）用 400 号砂纸彻底打磨整个表面，并用清洁剂清洗整个表面。

2）按照制造厂的规定，将底漆、弹性剂和溶剂混合在一起，混合时先将底漆与弹性剂混合，再根据车间的温度加入适量的溶剂。

3）将喷枪压力调到规定值，喷涂足量的双层湿涂层，以便完全遮盖表面。

4）底涂层干燥 30~60min，然后喷涂光亮层，待干燥后装在车上使用。

四　软塑料件的喷涂

（1）汽车软顶塑料件的喷涂方法

有些车辆的车顶使用乙烯树脂、人造革等软质材料，这些软质材料的喷涂不能使用一般车用面漆和底漆，而必须使用专用皮革漆。皮革漆的漆基为乙烯树脂，所以又称为乙烯漆。在喷涂汽车软顶时，可以采用单独的乙烯漆，也可以将乙烯漆和丙烯酸面漆按一定的比例混合使用。喷涂方法如下：

1）用漂白型洗涤剂、刷子和足量的水刷洗车顶，再用干净水彻底冲洗车顶和整车外表。

2）用漆面清洁剂充分洗净车顶。

3）吹除所有缝隙中的灰尘，用黏性布擦拭车顶。

4）将整个发动机盖和行李舱盖罩上，以免乙烯基漆溅落在这些表面上。

5）喷漆时，以低气压和较小的喷射直径喷涂带状涂层。

6）按照制造厂的规定增大气压，以正常喷射直径从汽车边缘向中心喷涂乙烯漆。

7）从汽车另一侧，由中心开始向另一侧喷涂湿涂层。使每个喷枪行程与上一行程约有 50% 的重叠，以保持漆层湿润。

8）喷涂第二层湿涂层，以便完全遮盖表面。

9）表面再喷一层经 200% 稀释的乙烯漆，经 1h 干燥后，可取下遮盖物，再经 4h 干燥即可投入使用。

10）在乙烯车顶外部可以喷一层透明的保护层，起防水、防尘和抵御阳光、盐、雪等侵蚀的作用。

（2）汽车软仪表台塑料件的喷涂方法

1）清洁仪表台。用塑料清洁剂将需要喷涂部位仔细清洁，如图 10-42 所示。

2）喷涂准备（图 10-43）。仔细遮盖不需喷涂的部位，确保没有疏漏的地方，然后将乙烯漆和丙烯酸面漆按一定的比例混合使用。

3）喷涂操作（图 10-44）：

① 先将喷枪的气压调整得略低一些，喷幅调小，对边角等部位首先进行喷涂。边角等比较难处理的地方都喷涂过一遍以后，将喷枪调整到常用参数，以正常的喷涂方式对仪表台湿喷两层，

图 10-42 清洁仪表台

喷幅的重叠程度以 2/3 为宜，两层的间隔时间以第一涂层稍稍干燥即可。

② 两道湿喷完成后，用稀释剂稀释乙烯涂料（稀释剂∶涂料为 2∶1），再薄喷一层，充分润湿仪表台表面，以获得一致的外观。

③ 干燥至少 1h 后可以去除遮盖，但进行下一步的维修需要 4h 以后。

图 10-43 喷漆涂料

图 10-44 仪表台喷涂操作

参 考 文 献

[1] 吴兴敏 . 汽车车身结构与维修 [M]. 西安：西安电子科技大学出版社，2006.
[2] 程玉光 . 机动车维修车身修复人员岗位技能训练 [M]. 北京：机械工业出版社，2006.
[3] 戴耀辉 . 轿车车身修理与涂装技术培训教程 [M]. 北京：机械工业出版社，2003.
[4] 夏坤 . 汽车车身钣金修复技术 [M]. 北京：人民交通出版社，2013.
[5] 张湘衡 . 汽车车身碰撞修复 [M]. 沈阳：辽宁科学技术出版社，2011.
[6] 杨永海 . 汽车车身构造与修复技术 [M]. 济南：山东科学技术出版社，2007.